Für Jeanette und meine Kinder Salih und Nala

Gemeinsam mehr bewegen

PERSONAL TRAINING IST TEAMSACHE

Herausgeber

Timo Bartel

Co-Autoren

Eginhard Kieß
Stefan Rudel
Ursula Wieland
Tilo Hoßbach
Ken Niestolik
Stefan Schröder
Arne Siebert
Tim Bertko

Interviewpartner

Felix Klemme
Almut Exner
Familie Schmid
Familie Schröder
Familie Willmann

INHALTSVERZEICHNIS

VORWORT

Eginhard Kieß

„Wenn Du schnell gehen willst, geh allein.
Aber wenn Du weit gehen willst, geh mit anderen."

Dieses afrikanische Sprichwort begleitet mich mein Leben lang. Früher als Kind und Jugendlicher unbewusst. Heute in meinem Beruf als Personal Trainer um so bewusster.

Ich wuchs in einer großen Familie auf. Bis heute treffen sich regelmäßig alle Geschwister meiner Mama inkl. Kinder, Enkelkinder und Urenkel alle zwei Jahre. Dieses Fest mit über 100 Personen ist prägend für mein Leben bis heute. Warum?

Ich habe das große Glück, dadurch stets das Gefühl des „Getragenwerdens" zu erleben. Die Familie ist immer da. Die Familie hält dich. Die Familie hilft dir, egal ob finanziell oder mental. Die Familie ist ein starker Pfeiler, eine Stütze in deinem Leben. Die Familie steht dir mit Rat und Tat zur Seite. Die Familie gibt Halt. Die Familie berät dich. Die Familie bereichert dich.

Personal Trainer sind oftmals Einzelkämpfer. Sie sind Individualisten. Und leider musste ich die Erfahrung sammeln, dass Personal Trainer oftmals wenig Interesse an einem ehrlichen Erfahrungsaustausch haben. Wir haben Angst; Angst, dass andere Kollegen erfolgreicher oder bekannter werden als wir selbst. Wir haben Angst, dass andere Kollegen uns unseren Markt streitig machen oder uns ggf. „etwas wegnehmen".

Das alles ist aus meiner Sicht völlig unbegründet. Wenn dem so ist, dass mir Kollegen den Markt streitig machen, sollte ich mich spätestens dann fragen, was ich falsch gemacht habe beziehungsweise welchen Trend ich verschlafen habe. Somit bin ich also an erster Stelle selbst für meinen Erfolg oder Misserfolg verantwortlich. An „zweiter Stelle" kommen andere Faktoren zum Tragen.

Ich möchte gerne einen Vergleich zu den klassischen Trainingsprinzipien der Sportwissenschaft ziehen, die sicherlich jeder von uns kennt: dem Mikrozyklus, dem Mesozyklus und dem Makrozyklus. Jeder Personal Trainer weiß, will ich einen erfolgreichen Athleten aufbauen, gilt es diese drei Trainingsperiodisierungen zu beachten, optimal aufeinander abzustimmen und ineinander zu verflechten.

Was hat das alles nun mit dem Buchthema „Personal Training ist Teamsache" zu tun?

Vertrauen Sie mir: Wenn Sie als Personal Trainer langfristigen Erfolg erleben wollen, brauchen Sie ein Team. Es ist die Basis, das Fundament Ihres Personal-Training-Konzepts. Ihr Team steht für die starken Pfeiler Ihres Unternehmens. Bezogen auf Ihre „Trainings- beziehungsweise Unternehmensprinzipien" bedeutet das:

· Der Mikrozyklus ist Ihr Mikroumfeld im Personal Training, Ihr Klient und Sie.
· Der Mesozyklus ist Ihr privates Umfeld mit Familie und Freunden.
· Der Makrozyklus ist Ihr geschäftliches Umfeld, bestehend aus Kooperationspartnern und Kollegen.

Wollen Sie ein erfolgreicher „Athlet", ein erfolgreicher Unternehmer sein, sollten Sie diese drei Erfolgsteams um sich haben beziehungsweise aufbauen.

Aus eigener Erfahrung kann ich sagen, wie wichtig ein sehr guter, vertrauensvoller und harmonischer Umgang mit meinen Klienten ist. Ohne eine intakte, mich stützende Familie und ein mir zur Seite stehender Freundeskreis könnte ich diesen Beruf nicht annähernd so gut bewältigen. Mit „bewältigen" meine ich jedoch nicht, dass es Druck ist, der auf mir lastet. Der Beruf des Personal Trainers kostet aber Energie, sowohl körperlich als auch in starkem Maße mental. Und da ist es ein tolles Gefühl, ein gut funktionierendes soziales Umfeld um mich zu wissen. Sie spenden mir Kraft und Zeit, um abseits des Berufs eben besagte Energie wieder aufzutanken. Ohne das dritte Team kann ich mir einen langfristigen Erfolg nicht mehr vorstellen. Ich durfte in den knapp 20 Jahren meiner Tätigkeit als Personal Trainer vor allem von dem großen Wissensschatz und den Erfahrungen meiner Kollegen profitieren. Ohne sie wäre ich heute nicht dort, wo ich bin. Wenn ich mich heute erfolgreich nennen darf, dann deswegen, weil ich diese offenen und bereichernden Kollegen treffen durfte, die ihr Berufsleben ebenso wie ich zur TEAMSACHE gemacht haben.

Timo Bartel ist einer von ihnen und ich bin ihm zum Dank verpflichtet. Weitere Autoren dieses Buches haben ebenso diese Erfolgsprinzipien für Ihr Leben verinnerlicht. Sie alle stehen für Weitsicht, Mut, Konstanz und Nachhaltigkeit.

Ich wünsche Ihnen nun beim Lesen dieses Buches viel Inspiration – für Sie und Ihr Team.

Ihr Eginhard Kieß

EINLEITUNG

Timo Bartel

Sind Sie als Personal Trainer engagiert in dem was Sie tun? Ich bin mir sicher, Sie sind es, sonst würden Sie sich nicht die Mühe machen, ein weiteres Buch, das sich mit Themen Ihres Berufes beschäftigt, zu lesen. Als Personal Trainer sind Sie fachlich absoluter Experte auf den Gebieten Bewegung, Sport und körperliche Leistungsfähigkeit. Und vielleicht haben Sie sich im Laufe der Jahre, die Sie schon diesem Berufsbild nachgehen, auch weitere Kompetenzen in anderen Bereichen wie mentaler Leistung oder diversen Ernährungsweisen erworben. Aber möglicherweise sind Sie auch erst am Anfang Ihrer Karriere und müssen sich einen Überblick über die verschiedenen Aspekte dieses Berufsbildes verschaffen. Ist ja gerade das Thema Selbstständigkeit durchaus komplex und vielschichtig zu betrachten. In jedem Falle ist unser Job mehr als die Summe seiner Teile und fängt auch nicht um neun Uhr morgens an und hört um fünf Uhr nachmittags auf. Da sind wir uns sicher einig.

In gewisser Weise sind wir auch Einzelkämpfer. Wir arbeiten schließlich 1 zu 1 mit einer Person zusammen. Selten werden Klienten von mehr als einem Trainer alleine betreut. Das wird in Zukunft sicher auch weiterhin die Regel sein. Somit fällt der kommunikative beziehungsweise der integrative Austausch mit Kollegen gering aus. Wir machen eben unser Ding. Daraus entstehen auch Neid und Konkurrenzdenken zwischen Kollegen einer Region. Wir haben Angst, etwas über uns preiszugeben und am Ende Nachteile dadurch zu haben. Insgeheim suchen wir aber auch diesen Austausch. Ich behaupte, diesen Wunsch kaschieren wir nur, in dem wir Fortbildungen und Conventions besuchen, wie kaum in einem anderen Beruf. Wir möchten Informationen von Kollegen sammeln, uns mit anderen vergleichen und Bestätigung erhalten. Das Gefühl haben, es gibt noch andere mit den gleichen oder zumindest ähnlichen Themenfeldern. Gerade Quereinsteiger, wie es viele in unserer Branche gibt, kennen Teamorientierung aus ihren früheren Berufen und stehen nach Eintritt in die Selbstständigkeit als Personal Trainer erst einmal alleine auf weiter Flur.

Bleibt die Frage nach all den Besonderheiten unseres Berufes: „Was treibt uns an, diesen Job zu machen?"

Ist es, sein Hobby zum Beruf zu machen? Immer an der frischen Luft zu sein? Sich selbst zu verwirklichen? Geld mit ein bisschen Sport zu verdienen? Freiheit zu erlangen? Vielleicht.

Ich glaube, jeder von uns hat seine eigenen ganz persönlichen Gründe. Es sind eigene höhere Ziele. Fast immer ist es unser Wunsch, diese höheren Ziele gemeinsam, also mit anderen Menschen zu erleben, zu teilen, zu gestalten, zu erarbeiten oder eben zu bewegen.

Idealerweise unterstützen uns diese anderen Menschen sogar bei unseren Vorhaben und Zielen. Wenn wir also mit anderen Menschen gemeinsam etwas erfahren möchten, und das auch noch in einem Umfeld, das unternehmerischen Regeln unterliegt, dann brauchen wir ein Team. In jedem Fall dann, wenn wir erfolgreich sein möchten, in dem was wir tun.

Es sollten also alle im Team an einem Strang ziehen. Jeder muss wissen, welche Rolle und welche Aufgabe er hat. Alle unterstützen sich gegenseitig. Denken Sie nur an die Boxenstopps der Formel 1. Perfekt eingespielte Mechaniker-Teams checken, tanken, wechseln Reifen in Sekunden. Jeder Handgriff sitzt. Damit aus einer Ansammlung von Menschen nicht nur eine Mannschaft, sondern ein Team wird, sind gewisse Regeln nötig. Diese Regeln zu kennen und umzusetzen, ist Ihre Aufgabe. Sie haben in Ihrem Team sozusagen als Kapitän die Führungsverantwortung.

Ein Bewusstsein dieser Verantwortung zu erlangen ist Grundvoraussetzung und wesentlicher Bestandteil dieses Buchs. Sie setzen sich mit Ihren eigenen Vorhaben und Zielen intensiver auseinander. Sie erfahren welche Wirkung „weiche Faktoren" im Umgang mit Menschen haben. Ein eigenes Konzept und damit Struktur hilft Ihnen dann, Menschen für sich, für ihr Team zu gewinnen. Sie erfahren, wie Sie Prioritäten setzen, um sich nicht zu verzetteln. Ihnen ist der smarte Umgang mit „Nicht-Teamplayern" bekannt. Sie erkennen Fallstricke bei Ihren Vorhaben noch bevor Sie damit starten und können rechtzeitig agieren, statt nur zu reagieren. Sie lernen Ihre stabilen Größen und besten Berater kennen. Sind sensibel für den schmalen Grad von Nähe und Distanz zu Ihrem Team. Verbinden Ihr Team zu einer eingeschworenen Gemeinschaft mit, eben – einem höheren Sinn.

Bei all dem geht es nicht nur um Kollegen und Mitarbeiter, sondern auch um Familie und Klienten. Denn auch diese sind Teil Ihres Teams, wenn Sie sich Ihren Lebenszielen widmen.

Wie jedes Produkt, wirbt dieses Buch um Ihren Vertrauensvorschuss. Das Nutzenversprechen lautet: Mit „PERSONAL TRAINING IST TEAMSACHE – GEMEINSAM MEHR BEWEGEN" werden Sie Freude an unserem Beruf haben und sich auch erhalten. Sie werden wissen, wie Sie Ihre unternehmerischen Ziele, die Zweck höherer persönlicher Ziele sind, so umsetzen, dass Sie Unterstützung aus Ihrem Umfeld erhalten. Sie haushalten mit Ihren Kräften und investieren sie dort, wo es sich lohnt, wo Sie etwas zurückbekommen. Ein emotionaler Return on Invest. Gleichzeitig lassen Sie weg, was Kraft und Energie raubt.

Mit dieser klaren Ausstrahlung werden Sie:

- erkennbar und unterscheidbar für Klienten wie Interessenten Ihrer Dienstleistung,
- am Markt wahrgenommen,
- Ihre Ziele mit mehr Leichtigkeit erreichen,
- sie stets im Blick behalten,
- anderen Menschen eine Ausrichtung geben.

Dieses Buch hat keinen finanziell wirtschaftlichen Hintergrund. Es ist mir ein Herzensprojekt, an diesen Beruf und die Menschen, die das Buch unterstützt haben, etwas zurückzugeben.

In tiefer Verbundenheit bedanke ich mich bei meinen Freunden, die dieses Buch mitgestaltet und dazu beigetragen haben, diesen Lebenswunsch in die Tat umzusetzen. Sie fordern mich immer wieder heraus, meine Perspektive zu wechseln und meine gedachten Grenzen noch einmal zu erforschen. Allesamt haben eine großartige Arbeit geleistet und sind absolute Koryphäen auf Ihrem Gebiet! Sie teilen mit Ihnen als Leser vollkommen offen und schonungslos ehrlich ihre Kompetenz – Finden Sie das einmal in der freien Wirtschaft!

Mein Dank gilt auch Eginhard Kieß, dem Initiator des PREMIUM PERSONAL TRAINER CLUB®. Ohne ihn hätte ich niemals diese starken Persönlichkeiten kennen- und wertschätzen gelernt. Durch seine Weitsicht und sein unglaubliches Engagement, in unserer Branche Maßstäbe zu setzen und Menschen gleicher Berufswahl und Qualitäten zusammenzubringen, sind ganz starke Verbindungen entstanden. Ich danke dir von ganzem Herzen, Eginhard! Aber ganz besonders bedanke ich mich bei meiner Begleiterin im Leben, die mir die Freiheit zugesteht, die Dinge tun zu dürfen, die ich als sinnvoll erachte.

Und unseren beiden Kindern. Sie schenken mir mit ihrer Lebensfreude wertvolle Momente, die mich erden und den Augenblick genießen lassen. Ihr seid so wertvoll für mich – Ich liebe euch!

Anhand meiner Danksagung können Sie schon feststellen, dass wir uns in unserem Beruf in einem Wechselfeld verschiedener sozialer Kreise bewegen. Kollegen, Freunde, Kinder, Lebenspartner, Klienten u.v.m. Aus diesem Grund ist dieses Buch auch ein Wechselspiel von Themen, die einmal uns persönlich betreffen, dann wieder unser engeres und weiteres Umfeld beleuchten.

Ein Buch muss nicht viele Seiten haben, es sollte Inhalte liefern, zum Nachdenken anregen und Handlungsimpulse setzen.
  Ich verwende der Lesefreundlichkeit wegen die männliche Schreibweise. Alle weiblichen Personal Trainer dürfen sich selbstverständlich genauso angesprochen fühlen. Jeder Artikel hat seine ganz eigene Schreibweise, so wie auch jeder der Autoren einzigartig ist und mit seiner Persönlichkeit, seinem Profil, seiner Marke erfolgreich ist. Genießen Sie diese großartige Vielfalt und erspüren Sie einmal, welche Art Mensch sich hinter einem jeden Artikel verbirgt.
  Über viele Inhalte kann man streiten und diskutieren. Prima! Das freut mich dann ganz besonders, denn dann ist dieses Werk es anscheinend Wert, dass Sie Energie hineinstecken.

Dieses Buch ist aus den Aspekten seiner Inhalte entstanden. Die Umsetzung, fast mühelos. Das ist es auch, was Sie als Ergebnis Ihrer Bemühungen erwartet, wenn Sie es aufmerksam lesen und erst recht nutzen!

Ihr Timo Bartel

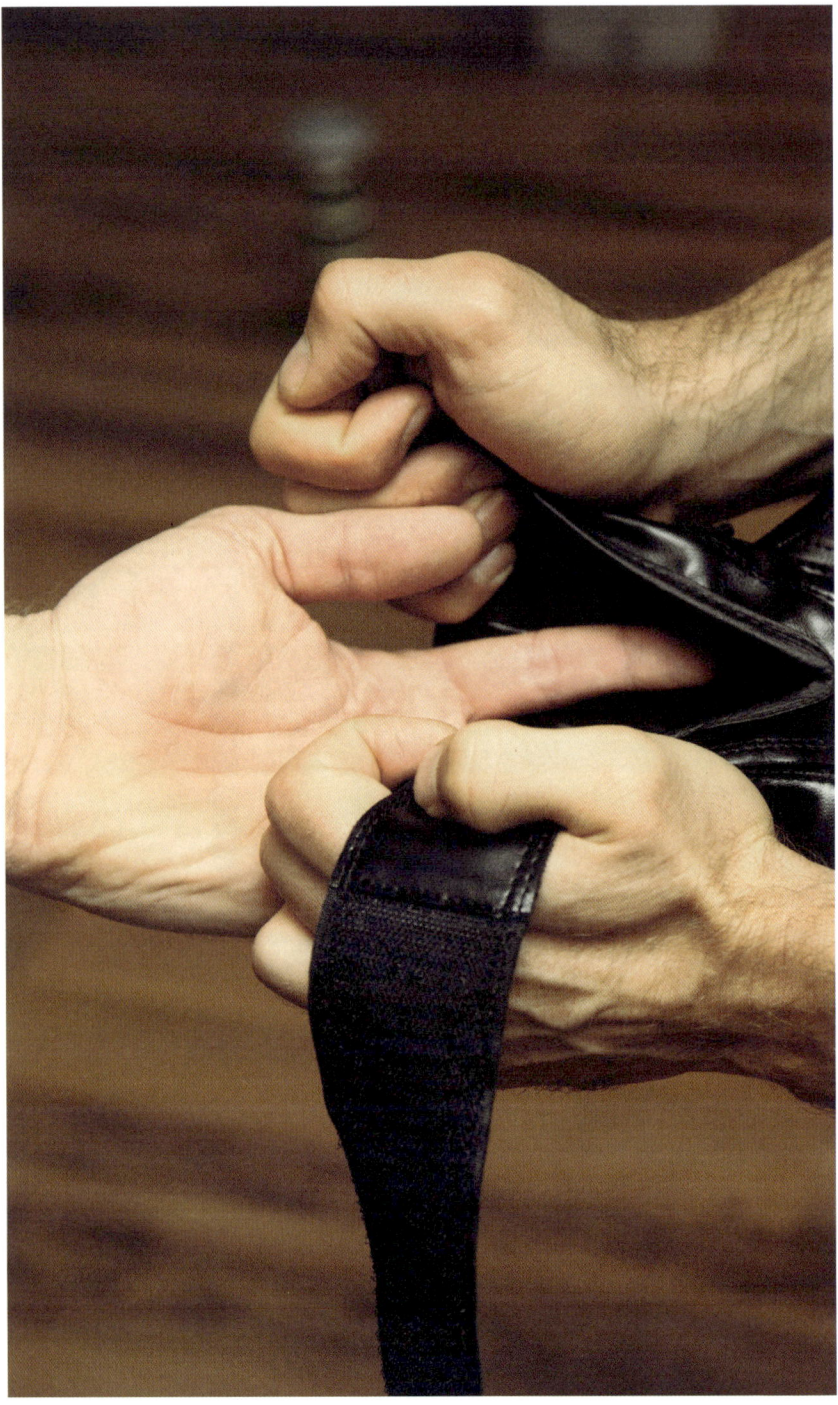

PERSONAL TRAINING IST TEAMSACHE

Timo Bartel

Sind Sie jemals durch ein Museum geschlendert und haben sich alte Gemälde und Fotos angesehen? Historische Aufnahmen aus einer alten Stadt mit Geschichten zu denkwürdigen Zeiten? Herrscher und Ihre Errungenschaften? Tonbandaufzeichnungen und Schwarz-Weiß-Dokumentationen? Skulpturen und Statuen?

Was wäre, wenn jeder Tag Ihres Lebens aufgezeichnet würde? Jedes Gespräch, das Sie mit einer Person führen. Jedes Gefühl, das Sie begleitet? Die Tätigkeiten, mit denen Sie Ihre Zeit verbringen? All die Dinge, die Sie in Ihren durchschnittlich 30.000 Lebenstagen geschaffen oder auch bewegt haben?

Am Ende Ihres Lebens würde mit all den gesammelten Aufzeichnungen ein Museum errichtet, in dem genau zu sehen wäre, wie Sie Ihre Zeit verbracht haben? Sie selbst wären kurz vor Ihrem Ableben noch einmal Museumsführer und würden anderen Menschen eine Führung geben. Alle Besucher würden Sie so kennenlernen, wie es der Realität entspricht. Die Darstellungen würden nicht auf dem Leben basieren, welches Sie gerne gehabt hätten, sondern dem, das Sie tatsächlich gelebt haben. Welchen Eindruck würden die Besucher von Ihrem Leben haben? Und noch viel wichtiger, wie würde es Ihnen gehen, wenn Sie durch „Ihr" Museum schlendern und alles noch einmal ganz in Ruhe betrachten würden? Jedes Foto, jedes Gemälde, jede Tonaufzeichnung. Wie würden Sie sich fühlen, wenn Ihnen klar würde, dass jeder Sie so in Erinnerung behalten würde, wie das Museum es zeigt?

Nehmen wir an, Sie verbringen 80 Prozent Ihrer Zeit mit einer Tätigkeit, die Ihnen keine Freude bereitet. Dann wäre auch Ihr Museum zu 80 Prozent mit Dingen gefüllt, die unglückliche Momente zeigen. Alles wäre dokumentiert.

Nehmen wir an, Sie verbringen nur 5 Prozent nach Ihren Vorstellungen, so wären auch nur 5 Prozent Ihres Museums damit ausgestattet. Vielleicht das ein oder andere Bild in einem kleinen Nebenraum. Das war's! Wie möchten Sie also die 30.000 Tage Ihres Lebens verbringen?

ALLES NUR ACHTERBAHN

Die meisten Menschen möchten einer Arbeit nachgehen, die ihnen Spaß macht. Am zweitwichtigsten ist ihnen, statistisch gesehen, Anerkennung für Ihre Tätigkeit zu erhalten und als drittes im Bunde eigene Ziele zu verwirklichen. Diese Antworten rangieren mit Abstand vor Themen wie Geld verdienen. Was treibt Sie an? Weshalb ausgerechnet dieser Beruf, dieser Lebensstil? Die Antwort liegt in vergangenen positiven Erlebnissen, die Sie gemacht haben. Konkrete Situationen, die sich bei Ihnen eingebrannt haben. Wenn Sie heute daran zurückdenken, haben Sie automatisch ein Kribbeln im Bauch oder ein Lächeln auf den Lippen. Es ist wichtig, diese Hauptantriebe zu kennen. Wenn Sie sich darüber im Klaren sind, haben Sie auch die Kraft herausfordernde Situationen durchzustehen und nicht gleich das Handtuch zu werfen oder in Schockstarre zu verfallen.

Stellen Sie sich ein Diagramm vor. Mit einer x- und einer y-Achse. Die x-Achse steht für Ihre Lebenszeit. Die y-Achse für Ihre Zufriedenheit und Ihr Glücksempfinden im Leben.

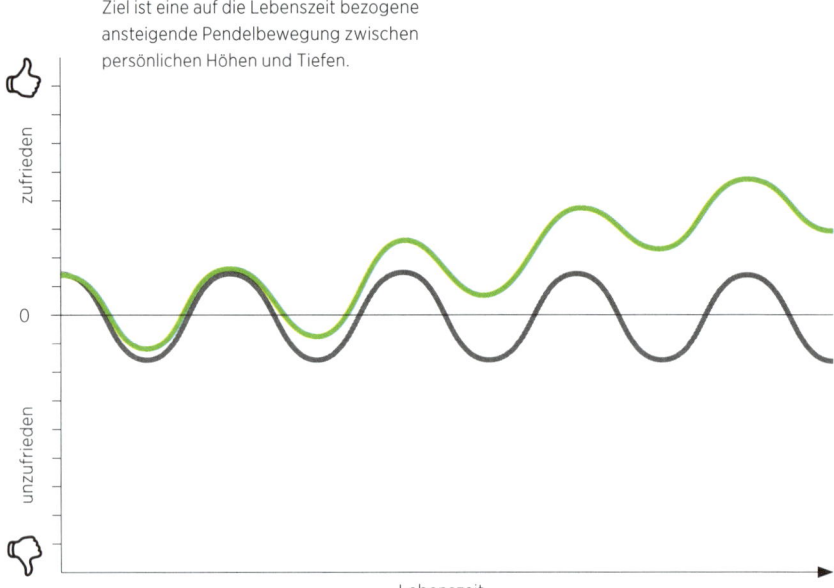

Die meisten Menschen gehen mit Bergen und Tälern in Form einer einfachen Sinuskurve durchs Leben. Es gibt Höhen und Tiefen. Wir alle kennen das. Meistens erreichen jedoch die Höhen in etwa die gleiche Intensität und die Tiefen in etwa den gleich tiefen Bereich. Meistens pendeln sie zwischen diesen beiden Polen hin und her. (graue Sinuskurve)

Spannend wird es, wenn man eine Kurve erreicht, in der man sich nicht ständig gleichmäßig zwischen beiden Polen hin und her bewegt, sondern im Laufe seiner Lebenszeit ansteigend pendelt. So erreicht man immer wieder neue Höhen auf der y-Achse für Zufriedenheit und Lebensglück. (grüne Sinuskurve)

Das Interessante dabei ist, dass die Tiefpunkte im Laufe der Zeit einen höheren Punkt markieren als früher die Hochs. Es entsteht eine positive Entwicklung!

Damit diese Entwicklung geschehen kann, sind verschiedene Faktoren nötig. Sie werden sie in diesem Buch kennenlernen. Viel wichtiger ist, diese Entwicklungsreise, die nie endet, gemeinsam mit anderen Menschen zu gehen. Es bringt Sie nicht nur schneller und treffsicherer voran, es macht auch viel mehr Freude, diese Momente mit anderen zu teilen.

DIE CHRONIK EINER ENTWICKLUNG

Meine Reise begann schon in meiner Kindheit. Aus gesundheitlichen Gründen erhielt ich Behandlungen der Schulmedizin und der traditionellen chinesischen Medizin. Ich fing schon früh an, mich dafür zu interessieren, wie beides funktioniert. Mit zwölf Jahren nahm ich an einer Ausbildungsreihe in „Touch for Health Kinesiologie" teil. Kinesiologen, das sind die mit dem Muskeltest. Reiki und weitere Themenfelder folgten. Während meine Kumpels die ersten Alkoholexzesse feierten, schaute ich mir eben Meridiane und Akupressurpunkte an. Nein, ich war kein Nerd! Naja – vielleicht ein wenig. Im Jahr 2000 erhielt ich einen Ausbildungsplatz an einer Privatschule für Physiotherapie. Es handelte sich um eine schulische Ausbildung mit Praktika in verschiedenen medizinischen Kliniken, bei der man kein Gehalt bekommt, stattdessen aber monatlich zugegebenermaßen nicht gerade wenig bezahlt. Da ich drei Jahre lang täglich eine weite Reiseroute mit verschiedenen öffentlichen Verkehrsmitteln zurückzulegen hatte, kamen weitere Kosten auf mich zu. Glücklicherweise hatte ich Eltern, die mir diese Ausbildung finanzieren konnten. Aber das alleine reichte nicht. So hatte ich immer zwei bis drei Nebenjobs. Einer davon als Flächentrainer in einem Fitnessstudio und einen als Personal Trainer für Läufer und Triathleten. Direkt nach meiner

Ausbildung startete ich in zwei Praxen für Physiotherapie und einer Naturheil-
praxis als Freelancer. Parallel betreute ich vor und nach der Praxisarbeit Klienten
als Personal Trainer. Damals arbeitete ich nicht weniger als 16 Arbeitsstunden
pro Tag! Feiertage und Wochenenden, natürlich Fortbildungsreisen oder eben
Termine mit Klienten. In den ersten beiden Jahren meiner Selbstständigkeit hatte
ich sicher weniger als 12 arbeitsfreie Tage. Nicht gerade viel bei über 700 Tagen.
Mit der Zeit konnte ich die Arbeit in den Praxen aber reduzieren. Schließlich
betreute ich einen schwerkranken jungen Mann bis zu vier Stunden täglich in
seiner Wohnung mit Bewegung und allem, was ich bis dahin gelernt hatte. Das
ermöglichte mir den Sprung in die Vollexistenz als Personal Trainer. Ich kam in
deutsche Adelskreise und mehr und mehr Unternehmer und Manager buchten
mich für meine Arbeit. Ich betreute auch Klienten im Ausland. Morgens um sechs
Uhr mit dem Flieger nach London, um am Nachmittag wieder in Frankfurt zu
landen. Ich stellte eine Freelancerin ein. Sie entlastete mich anfangs. Aber sie
entwickelte sich in eine andere Sparte und es mangelte mir an Reife und Füh-
rungsfähigkeiten. Nach einer Weile trennten sich unsere Wege wieder. Ich wurde
Teil des PREMIUM PERSONAL TRAINER CLUB® und ich übernahm verschiedene
andere Ämter auf Verbandsebene. Ich war Teilnehmer und Co-Organisator wissenschaftlicher Untersuchungen in Bezug auf Lebensstil und Gesundheit. Einige
Jahre lang arbeitete ich wieder alleine. Ich wurde Vater und es war klar, dass sich
in meiner Prioritätenliste und meinem Zeitmanagement etwas verändern musste. Ich machte mich selbst zum Projekt und entwickelte meine Persönlichkeit. Ich
lernte mich kennen und konnte klare Vorstellungen meines Lebens entwickeln
und vor allem auch vertreten. Aus einer Klientin wurde eine freiberufliche Mitar-
beiterin. Nach zweieinhalb Jahren trennten wir uns leider.

Heute steht mein Business auf eigenen und stabilen Füßen. Es bleibt
aber auch immer ein Drahtseilakt zwischen Berufsleben, ganz speziell in unserer Branche, und Privatleben. Wir arbeiten in einer solchen Intimsphäre mit
Klienten zusammen, dass eine Trennung von unserem eigenen Leben ver-
schwimmt. Das fängt damit an, dass wir zu Klienten nachhause fahren, dass
wir deren Familien, geschäftliche Tätigkeiten und Probleme live mitbekommen
und gegebenenfalls auch als Klärungsauftrag erhalten. Dazu kommen Einladungen zu Geburtstagen, Reisebegleitungen oder der Firmenfeier des Schütz-
lings. Wir verbringen meist mehrere Stunden am Tag im Auto, zumindest wenn
wir keine eigenen Räumlichkeiten besitzen. Unsere Arbeitszeiten enden aber
auch nicht am Freitagnachmittag. Wenn wir nicht gerade im Auto oder bei unseren Klienten sind, dann wartet unsere Buchhaltung, das Marketing oder ein

Stapel Post auf uns. Und das Thema Social Media und die eigene Positionierung am Markt und der Umgang damit fordern möglicherweise entsprechend
mehr Zeit und Aufwand. Dass wir im Laufe unserer Karriere nicht nur viele
zehntausende Euro und vor allem Monate bis in der Summe gesehen Jahre in
Weiterbildungsmaßnahmen investieren, ist uns oft nicht einmal bewusst. Ich
kenne kaum einen Beruf, in dem Weiterbildung so selbstverständlich betrie-
ben und eigenfinanziert wird, wie in unserem. Als Privatperson haben wir uns
vielleicht um einen Lebenspartner und Kinder zu kümmern. Die Eltern unter
uns wissen – wir haben eigentlich niemals Feierabend. Oder die eigenen Eltern
müssen gepflegt und betreut werden. Das Eigenheim bietet dann noch eine
Dauerbaustelle. Das Thema Altersvorsorge ist mit Stundensätzen im zweistelli-
gen Bereich nachweislich kaum umzusetzen. Die eigene Gesundheit zu gestalten oder Freundschaften zu pflegen, kann dann eine Herausforderung werden.
Das habe ich im Laufe meiner Existenzgründung bitter erfahren und als zwei-
facher Familienvater ist es immer ein Grenzgang.

Aber warum erzähle ich Ihnen meine Vita? Weil ich in all diesen Lebensphasen je einen bestimmten Menschen, einen Mentor hatte. Den ersten in
meiner Kindheit. Dieser tauchte anfangs ganz unbewusst auf und half mir, mich
für bestimmte Dinge zu interessieren. Als Mentor verstehe ich jemanden, der
bewusst die Rolle eines Sparringspartners übernimmt. Dieser Begriff kommt
aus dem Profiboxen, wo jeder aufstrebende Champion einen Sparringspartner
hat, der ihm hilft, in Form zu kommen und die Meisterschaft zu gewinnen. Die
Aufgabe des Sparringspartners ist es, maximalen Widerstand zu bieten und dabei minimalen Schaden anzurichten. Maximaler Widerstand bedeutet, unsere
manchmal tollen Einfälle und Ideen kritisch zu hinterfragen. Uns vor Herausforderungen zu stellen, denen wir uns selbst nicht stellen würden, weil sie uns
zu groß erscheinen. Mit minimalem Schaden meine ich die Tatsache, dass er
eine Vertrauensperson darstellt. Damit bietet er einen geschützten Raum für
Entwicklung ohne negative Folgen. Machen wir's praktisch! Ein Beispiel, das ich
einige Male erlebt habe: Jemand hat eine tolle Idee, wie er seine Website gestalten möchte, um Kunden zu gewinnen. Er leitet alles in die Wege und ist in seinem
Handeln überglücklich und euphorisch. Die Seite geht online und es passiert
– nichts. Keine Resonanz. Kein gutes Ranking in den Suchmaschinen. Unterm
Strich keinen neuen Kunden. Der Mentor oder auch Sparringspartner hätte hier
einige durchaus auch unbequeme Fragen gestellt. Schließlich hat er jahrelange
Erfahrung und diesen Prozess selbst oft durchlaufen. Sicherlich hätte er auch
den einen oder anderen Hinweis und Impuls, sich mit einigen Themen vorab

auseinanderzusetzen, bevor derjenige mit seiner Website online geht. Das wäre dann auch der vertraute, geschützte Raum für Entwicklung, in dem es noch keine Auswirkungen hat. Das hätte demjenigen möglicherweise Zeit, Geld und Enttäuschung erspart. Die Wahrscheinlichkeit, jetzt den Kunden anzusprechen, den man gesucht hat, ist jetzt viel größer als vorher. Der Mentor unterstützte mich darin, mein Bewusstsein zu schärfen und über den Tellerrand meiner elterlichen Erziehung oder gewohnten Denkweisen zu schauen.

Nach einer Weile veränderte sich etwas. Ich erreichte in mehr oder weniger chaotischem Zustand eine neue Stufe auf der Treppe. Das klingt jetzt esoterisch-philosophisch. Aber jeder von uns kennt das. Man nimmt Fahrstunden und lernt für den Führerschein. Alles ist gut und läuft. Dann geht es in Richtung Fahrprüfung und große Nervosität macht sich breit, Chaos entsteht. Man besteht die Fahrprüfung, ohne genau zu wissen, wie es abgelaufen ist und plötzlich ist man selbstständig mobil und erweitert den eigenen Radius quasi unbegrenzt. Und genau das meine ich mit „auf die nächste Stufe kommen." Dann macht man eine Ausbildung, alles ist entspannt. Es geht wieder in Richtung einer Abschlussprüfung, Chaos entsteht und zack, man kommt mit mehr oder weniger großen Blessuren durch. Nächste Stufe: Jetzt verdiene ich Geld. Und so geht es immer irgendwie weiter. Nicht linear und auch nicht immer nur nach oben. Anfangs kamen diese Mentoren irgendwie zu mir und es brauchte eine Weile, mir dieser bewusst zu werden. Später erkannte ich die Gesetzmäßigkeiten dahinter und suchte mir diese aktiv. Aus einzelnen Mentoren wurden die besten Freundschaften, die ich je hätte haben können. Mentoren sind ein Aspekt, auf den wir in diesem Buch weiter eingehen werden. Aber wie wäre es, wenn Sie sich ein olympisches Team aus Mentoren zusammenstellen würden? Eine Mannschaft, die Ihnen zum Erfolg verhilft?

Dazu habe ich eine Metapher. Im Radsport gibt es Wasserträger, Tempomacher, etc. Alle fahren für ihren Kapitän. Der soll dann möglichst im entscheidenden Moment antreten, Energie freisetzen und damit den Erfolg für das gesamte Team einfahren.

Wieder zurück zu uns. Erfolg meint hier nicht nur karrierebezogenen Erfolg. Vielmehr geht es um das große Ganze. Unsere persönliche Reife und damit verbunden die vielen Nebenprodukte wie glückliche Partnerschaft, tiefgründige Freundschaft, ausreichend Klienten, mit Freude einen arbeitsreichen Tag beginnen, finanziell sorgenfrei sein, das gewünschte Honorar bekommen, seine Arbeit interessant gestalten, gesund sein, sein Tun als sinnvoll empfinden. Mit anderen Worten wollen wir alle die PS, die wir unter der Motorhaube haben, auch auf die

Straße bringen. Und dazu brauchen wir Support, sonst geht es in einem Beruf, in dem es um und mit Menschen geht, nun einmal nicht!

Wie Sie sicher schon bemerkt haben, liebe ich Beispiele und Analogien, um komplexe Inhalte zu vereinfachen und schnell gelesene Begrifflichkeiten zu entschleunigen. Das Gelesene kann so tiefer wirken und im Bedarfsfall wieder präsent sein. In Sachen Teamfähigkeit liegt eine Analogie zum Sport sehr nahe. Ein faszinierender Teamsport, wie ich finde, ist Mannschaftsrudern. Ich habe hierzu mit einer aktiven Ruderin gesprochen. Sie betreibt diesen Sport seit über 35 Jahren und selbst ihre Kinder haben früh damit begonnen. Almut erzählte mir von ihrer Faszination, wie leicht Rudern auf den ersten Blick aussieht. Dahinter steckt aber ein sehr komplexer Bewegungsablauf, der viel Koordination und Rhythmusgefühl erfordert. In erster Linie aber muss das Team eine gemeinsame Vision haben. Es muss klar sein, was man gemeinsam vor hat. Almut erläuterte mir, dass je nach Zusammensetzung der Mannschaft das Vertrauen in den Steuermann eine wesentliche Rolle spielt. Der Steuermann, das sind bezogen auf das Thema Personal Training Sie! Sie sind als Leser dieses Buches der Initiator, der gemeinsam mit anderen Menschen mehr bewegen möchte. Der Steuermann hat den Überblick und gibt den Rhythmus vor. Er erkennt Stärken und Schwächen einzelner Mitglieder und bietet Unterstützung an, dort wo sie nötig ist. Er gibt aber auch das Tempo vor und sagt, was getan wird. Im Prozess der Umsetzung darf es keine Diskussionen geben! Das würde Energie kosten und vom Weg ablenken. Daher muss jeder in der Mannschaft die für ihn passende Aufgabe und Position haben. Er muss seine Aufgabe kennen. Weiter erläuterte Almut, müssen alle bereit sein, alles zu geben. Sie müssen den gleichen Schlag haben. Damit ist gemeint Takt, Rhythmus, Geschwindigkeit, Kraft und Länge im Wasser. Das Interessante ist, erklärte sie mir, dass eine schwächere Mannschaft, die im Prozess der Umsetzung harmonisch zusammen fährt und einen guten Steuermann hat, sogar eine konditionell stärkere Mannschaft schlagen kann. Übertragen könnte man sagen, ein Personal Trainer mit Führungsqualitäten innerhalb seines eigenen kleinen Teams (hierzu zähle ich Klienten, Mitarbeiter und Kooperationspartner) kann Mitbewerbern mit fachlich ausgezeichneten Kenntnissen überlegen sein.

Vielleicht etwas weit hergeholt, aber im Grunde geht es wohl um zwischenmenschliche Fähigkeiten wie Führungsqualitäten, statt um trainingsmethodische Expertisen. Ich fragte Almut, wie sie ihre Mannschaft zu Höchstleistungen motiviert. Wenn sie mit einer Mannschaft trainiere, dann über positive Motivation. Dopamin spiele eine große Rolle. Dopamin ist ein Hormon, welches ein positives

„Go" Signal der Psyche auslöst. Es sorgt für Glücksgefühle und Antriebssteigerung. „Ich kann mich selbst an ein 24 Stundenrennen erinnern, an dem ich nach zwei Stunden Schlaf aufgewacht bin und voller Glückshormone wieder ins Boot steigen wollte. Trotzdem weise ich ganz klar auf (Technik-)Fehler hin." Technikfehler sind Fehler in der Umsetzung der Strategie. Hier braucht es von Ihnen als Personal Trainer Mut, solche Abweichungen offen anzusprechen. Nachzufragen, zu verstehen, wie es dazu kommen konnte, und Hilfestellung anzubieten. Bei alledem sollten Sie die Übersicht und den Blick auf das „ganze Projekt" behalten.

Almut kann eine Verbindung zu unserem Beruf herstellen und antwortete mir auf die Frage, was wir Personal Trainer von Ruderern lernen können, dass es einen Leader geben muss, der das Ziel im Blick behält. Hier waren wir uns jedoch einig, sollte man differenzierter auf die Situation schauen.

Betreuen wir als Personal Trainer einen Klienten und wir bilden gemeinsam ein Team, dann liegt die Verantwortung beim Klienten. Als Personal Trainer bin ich verantwortlich für den Prozess, nicht jedoch für die Umsetzung. Unser Klient trifft eigenverantwortlich Entscheidungen und gestaltet seinen Alltag so, wie er es für richtig hält. Wir sorgen lediglich dafür, dass er den roten Faden beibehält, helfen ihm am Ball zu bleiben und stellen unser fachliches Wissen für Methodiken partnerschaftlich zur Verfügung. Der Klient bedient sich davon in seinem Tempo. Wir sind es, die das große Ganze im Blick behalten. Möchten wir als Personal Trainer ein persönliches Team für unseren Erfolg aufbauen,so ändert sich die Hierarchie. In diesem Fall ist es nötig, klare Vorstellungen zu äußern und diese ggf. auch zu vertreten. Wir bestimmen das Tempo und geben klare Anweisungen. Selbstverständlich entscheiden die Teammitglieder, ob sie dem folgen möchten. Aber haben wir unsere Teammitglieder gut ausgewählt und eine gute Beziehungsebene, unterstützen sie uns auch gerne. Darauf werden wir im Verlauf des Buches noch näher eingehen. Es klingt zunächst hart und rational, Sie werden aber sehen, dass hieraus ein spielerisches Miteinander mit einem Benefit für alle Beteiligten werden kann.

EVOLUTION UND DER WUNSCH NACH ZUGEHÖRIGKEIT

Der Wunsch, sich mit Menschen zusammenzutun, ist tief verankert in unserem Genom. Der Mensch ist ein soziales Wesen. Das belegen prähistorische Funde aus der ganzen Welt. Menschen haben immer in Gruppen von ca. 150 Mitgliedern zusammengelebt. Es gab Gruppenführer, die die Ziele für die gesamte Gruppe verfolgt haben und dafür sorgten, dass diese umgesetzt werden.

Der Leitwolf sozusagen. Aber auch den Mitläufer, das Arbeitstier und weitere Rollenbilder. Das war in allen Gruppen gleich und sorgte anscheinend für viele Vorteile. Ansonsten hätte die Evolution es nicht zugelassen und ein anderes Konzept bevorzugt.

Die Gruppe erhielt dadurch Sicherheit, sie kam bei alltäglichen Aufgaben schneller voran. Ganz nach dem Zitat:

> *„Wenn Du ein Schiff bauen willst, dann trommle nicht Männer zusammen, um Holz zu beschaffen, Aufgaben zu vergeben und die Arbeit einzuteilen, sondern lehre die Männer die Sehnsucht nach dem weiten, endlosen Meer."* Antoine de Saint-Exupéry

Auch heute umfasst unser sozialer Kreis nicht mehr als 150 Personen. Wenn wir uns die Mühe machen, so erkennen wir auch heute noch Rollenverteilungen.

Konflikte wurden damals unmissverständlich ausgebremst oder schnell geklärt. Hielt sich jemand nicht an die Regeln, so wurde er gemieden, was häufig zu schweren Krankheiten bis zum Tod führte. Oder er wurde ins Exil geschickt und musste seinen Weg alleine weitergehen, wodurch ihm die Vorteile der Gruppe verloren gingen.

Gerade in der heutigen Zeit wächst der Wunsch nach Gruppenerfahrungen, nach gemeinsamen Werten und Zugehörigkeiten. Diese stellen auch heute noch Sicherheit und Stabilität dar. Wir können uns an der Meinung der Gruppe orientieren. Wir wissen dann, wir sind nicht anders oder anormal. Wir können Fehler in unserem Tun vermeiden oder eben mit Unterstützung der Gruppe schneller beheben.

EIN BERUF IM WANDEL

In Deutschland existiert das Berufsbild des Personal Trainers nun seit ungefähr 20 Jahren. Zu Beginn sicher mit ganz anderen Vorstellungen und Erwartungen verhaftet als heute. Wir waren damals klassische Fitness Trainer, die für gutes Aussehen und Leistungsfähigkeit sorgen sollten. Nur die VIPs unserer Gesellschaft trainierten. Die Aufgabe war es, sie regelrecht auf dem Sportplatz anzubrüllen, die Trillerpfeife immer im Gepäck. So stehen wir heute im Verständnis unserer Kunden und damit der äußeren Wahrnehmung woanders. Im Zeichen sozialer Medien und zunehmender Digitalisierung der Arbeitswelt spielen reale persönliche Kontakte für viele Menschen wieder eine sehr große Rolle. Alte Wertvorstellungen wie „das besprechen wir lieber persönlich statt am Telefon oder per E-Mail" spiegeln das wieder. Menschen suchen auf sozialen Netzwerken und Singlebörsen nach Kontakten. Der Wunsch sich mitzuteilen und vor allem wahrgenommen zu werden ist immens groß! Fitness- und Gesundheits-Apps bieten via Gamification-Programmen die Möglichkeit, seine Werte, Ergebnisse und Erfolge rund um die Uhr mit anderen Usern auf der ganzen Welt zu teilen und sich zu vergleichen oder auch um (positives) Feedback zu erhalten. Sozusagen ein „Leckerli" nach dem harten Workout.

Und gerade dieser tief verwurzelte Wunsch des Menschen, wahrgenommen zu werden, sich mitzuteilen und tatsächlich wertgeschätzt zu werden, stellt eine enorme Chance für unseren Beruf als Personal Trainer dar. „Personal" steht schließlich für persönlich, individuell, einzigartig!

Heute sind wir viel mehr als nur Fitness Trainer, die eins zu eins mit einer Person arbeiten! Wir sind der auf Zeit gebuchte Lebensfreund unseres Klienten. Unbewusst bezahlt er uns, weil er sich besser fühlen möchte. Und wir bieten ihm nun einmal über Sport und die damit verbundene Lockerheit, über Körperlichkeit und über andere Faktoren einen leichteren Zugang. Unser Klient kann Erfahrungen machen und diese für sein Wohlbefinden mit unserer Hilfe verwerten. Dadurch bekommt er wieder die Chance, sein tatsächliches Potenzial zu nutzen. Sei es um abzunehmen, einen Marathon zu laufen oder was auch immer sein vordergründiges Thema war. So schaffen wir Veränderung auf höchster Ebene.

Was der Klient uns tatsächlich honoriert, ist nicht allein unser Fachwissen. Das haben Mitbewerber meist genauso zu bieten. Der Klient kann nicht einschätzen, was die abstrakten Bezeichnungen für eine Fortbildung überhaupt bedeuten sollen, geschweige denn kann er Unterschiede zwischen uns Anbietern damit feststellen. Er zahlt uns für Zeit, Persönlichkeit und Erfahrung! Die letzteren beiden erhalten wir mit zunehmenden Lebens- und Berufsjahren. Die aktive Beschäftigung mit eigenen Themen setzt das voraus. Aber Ersteres ist wahrlich begrenzt. Wir alle werden nur Plus Minus 80 Jahre alt. Und wir haben auch nur begrenzte Kapazitäten, um mit Klienten zu arbeiten. Wer sportlich mit Klienten unterwegs ist und sich dann auch noch mit größter Achtsamkeit mit den mentalen Themen eines Klienten auseinandersetzt, der muss auf seine Ressourcen achten. Hier bietet sich eine enorme Chance für uns. Wir alle führen Akquise- und Kennenlerngespräche mit Interessenten für unsere Dienstleistung. Sicher gibt es unterschiedliche Formen: per Telefon, Skype,

Probetraining. Die meist genutzte Version wird ein Face-to-Face Termin sein. Als Selbstständiger haben wir natürlich immer den Wunsch, das Gegenüber von uns zu überzeugen. Wir möchten ihn für uns gewinnen, so dass er uns bucht. Aber gerade dieser erste Kontakt bietet auch die Möglichkeit unsere begrenzte Ressource „Zeit" nur denen zukommen zu lassen, die wir mögen und denen wir tatsächlich Unterstützung zukommen lassen können.

Der Akquise- und Kennenlerntermin gibt uns die Möglichkeit, den Rahmen zu klären und den Interessenten so gut es geht kennenzulernen:

- Stimmt die Chemie zwischen uns wirklich?
- Begegnen wir uns auf Augenhöhe?
- Fühle ich mich in der Gegenwart dieser Person wohl?
- Würde ich mit diesem Menschen auch in meiner Freizeit Zeit verbringen wollen oder kann ich hier strikt trennen?

Das sind wesentliche Fragen, die uns die spätere Zusammenarbeit erleichtern. Je mehr Klienten wir als angenehm und zu uns passend betreuen, desto erfolgreicher werden wir sein. Wir werden diese „stimmigen Charaktere" damit auch anziehen und entsprechend einen Kundenstamm mit Menschen, die wir mögen und die uns sympathisch sind, aufbauen. Die Chance, dass wir dann selbst wegen mangelnder Wertschätzung für unsere Arbeit in einem Burnout landen, sinkt damit erheblich.

Es bedeutet aber auch, dass wir diejenigen ablehnen sollten, bei denen wir oben stehende Fragen mit nein beantwortet haben. Das ist nun einmal der Preis, den wir zahlen müssen. Das erfordert Mut und Selbstvertrauen. Kurz: Charakter! Und hier kommt ein wichtiger Punkt ins Spiel. Schließlich schreiben wir uns Individualität auf die Fahne unseres individuellen Trainingsangebots. Mit unserer ganz eigenen Art und Weise. Mit Ecken und Kanten eben. Die Weichen für diese Einzigartigkeit wird aber schon hier im Akquise- und Kennenlerngespräch gestellt. Haben Sie einen Charakter und stehen Sie dazu! Stärken Sie Ihr Profil und arbeiten Sie mit den Menschen, mit denen Sie können und lehnen Sie diejenigen Aufträge ab, auf die Sie sich nicht einstellen können und für die Sie sich verstellen müssen. Das sorgt für Klarheit und Menschen suchen nach Klarheit!

DER SCHLÜSSEL ZU EINEM MENSCHEN

All die bisher genannten Vorteile, mit Menschen zusammenzukommen, können wir uns zu Nutze machen. Auch in einem Beruf wie unserem, in dem Einzelgängertum bisher der Standard war. Dazu benötigen wir andere Menschen. Das liegt in der Sache. Nun ist es nicht jedem in die Wiege gelegt, so mir nichts dir nichts auf andere Menschen zuzugehen. Ein Bewusstsein für das, was Menschen bewegt, kann hier helfen, die eigene Sozialkompetenz zu fördern.

Wir nehmen andere Menschen auf verschiedene Arten wahr. Wir hören ihnen nicht nur zu, wir sehen ihnen auch zu, achten auf die Körpersprache und Gestik. In einigen Kulturen ist diese wesentlich ausgeprägter als in anderen. Wer aufmerksam ist, kann über die Körpersprache und das Verhalten einer Person viel über sie erfahren, kann daraus Rückschlüsse ziehen. Natürlich spielen auch immer unsere persönlichen Erfahrungen eine Rolle. Wir bewerten dann eine bestimmte Ausdrucksweise mit unseren eigenen Erfahrungen und schließen schnelle Rückschlüsse. Können wir jemanden aber bewusst und weitestgehend neutral wahrnehmen, so gelingt es uns leichter, seine Motive und Verhaltensweisen zu verstehen. Wir können uns leichter auf ihn einstellen. Das ist für beide Seiten nützlich! In Gesprächen erreichen wir unsere Ziele leichter, wenn wir unseren Gesprächspartner auch Verständnis für seine Perspektive und Situation entgegenbringen, ihn bei seinen Wünschen unterstützen.

Diese Fähigkeiten nennt man „Soft Skills". Man kann sie entwickeln und seine Wahrnehmung schulen. Im Grunde besteht jeder Mensch aus drei Anteilen:

- Leicht zu entwickelnde Verhaltensweisen und Kenntnisse,
  z. B.: Fakten-, Fach- und Methodenkompetenz
- Teilweise veränderbare Fähigkeiten,
  z. B.: Motive, Werte,
- Kaum veränderbare Merkmale,
  z. B.: Temperament, Persönlichkeitstypus.

Ziel sollte es sein, sich seiner eigenen Soft Skills bewusst zu werden und diese dann zu schulen. Ja, hier dürfen wir Personal Trainer tatsächlich trainieren. Dürfen uns in Sachen Persönlichkeit fortbilden und Kompetenz aufbauen. Denn je besser wir uns selbst kennen und einschätzen können, desto unvoreingenommener sind wir anderen Menschen gegenüber. Wir können uns auf sie einlassen.

ECHTES INTERESSE ZEIGEN

Wenn ein Mensch spürt, dass Sie sich wirklich für ihn interessieren, dann können Sie ihn nicht nur mit dem Verstand gewinnen, sondern auch mit dem Herzen. Sie vermitteln ihm, dass er wichtig ist, dass er angenommen wird, so wie er ist. Er wird wertgeschätzt, denn er erhält Ihre Zeit und Aufmerksamkeit. Und diese Faktoren sind entscheidend: echtes Interesse, Aufmerksamkeit und Ihre Zeit, die Sie dieser Person widmen. Egal ob Klient, Kollege, ein Date oder ein Kooperationspartner. Diese drei Faktoren sind heute in einer anonymisierten Welt wichtiger denn je. Unsere Gene suchen danach.

Es setzt allerdings authentische Neugier voraus! Sie spüren sicherlich auch, wenn eine andere Person Sie nur oberflächlich, man könnte auch sagen gespielt, nach Ihrem Berufs- oder Privatleben fragt. Wie haben Sie sich in dieser Situation gefühlt? Vielleicht etwas unwohl. Vielleicht auch etwas anderes unangenehmes. In jedem Fall spüren Sie, dass da etwas zwischen Fragestellung und Interesse nicht ganz stimmig ist.

Einen Fragenkatalog runterzubeten macht keinen Sinn, wenn ich nicht auch selbst die Kapazitäten habe, mich mit der Person an sich zu beschäftigen. Je klarer Sie für sich sind, man könnte auch sagen, je mehr Sie mit sich selbst im Reinen sind, desto eher werden Sie auch bestimmte Menschen kennenlernen wollen. Hierzu ein kleines Beispiel: Es läuft gerade nicht so gut in Ihrem Business und sie hadern mit sich selbst. Es bietet sich aber die Gelegenheit, Ihre Dienstleistung auf einem Unternehmertreffen in Ihrer Stadt vorzustellen. Unbewusst laufen bei Ihnen verschiedene Gedanken über Ihre Situation ab, während Sie all die „erfolgreichen" Unternehmer sehen. Ihr Verstand will unbedingt einen Auftrag generieren oder mit den anderen mithalten können. Ihre vordergründige Emotion ist jedoch Angst aufgrund Ihrer derzeitigen Situation. In diesem Moment haben Sie keine Kapazitäten, sich wirklich auf die Personen einzulassen. Im Gespräch mit diesen strahlen Sie das auch aus. Dafür können Sie nichts. Es geschieht unbewusst. Sie kennen den Satz: Der erste Eindruck zählt. Oder auch: Die ersten sieben Sekunden entscheiden.

Es ist also wichtig, sich erst einmal selbst besser kennenzulernen. Dazu haben Sie im Verlauf des Buchs die Möglichkeit.

Lernen Sie nun jemanden kennen, könnten Sie sich folgende Fragen stellen, um für sich herauszufinden, ob Sie wirklich Neugier auf Ihn haben. Also „gierig" sind nach Neuem, was dieser Mensch mitbringt.

- Was zeichnet diesen Menschen aus?
- Was bewegt ihn?
- Welche Sichtweise hat er über sich, die Welt, ect.?

Lassen Sie sich auf den Menschen ein und erkennen Sie erst einmal seinen Standpunkt und seine Weltsicht an. So ergeben sich vielfältige Möglichkeiten, die beiden Seiten von großem Nutzen sein können.

Meine Gedanken:

_____

_____

_____

_____

_____

_____

_____

_____

_____

_____

_____

_____

_____

_____

_____

_____

_____

_____

_____

_____

_____

_____

_____

_____

Reflexion:
1. Wie sieht es in Ihrem Museum aus? Wie soll es idealerweise aussehen?
2. Welche Ziele verfolgen Sie bereits, um diesem Idealzustand näher
   zu kommen?
3. Wie werden Sie in Ihrem Beruf wahrgenommen? Wie möchten Sie wahrgenommen werden?
4. Welche Voraussetzungen stellen Sie an einen Interessenten, bevor
   Sie ihm Ihre Zeit in Form einer Kundschaft verkaufen?

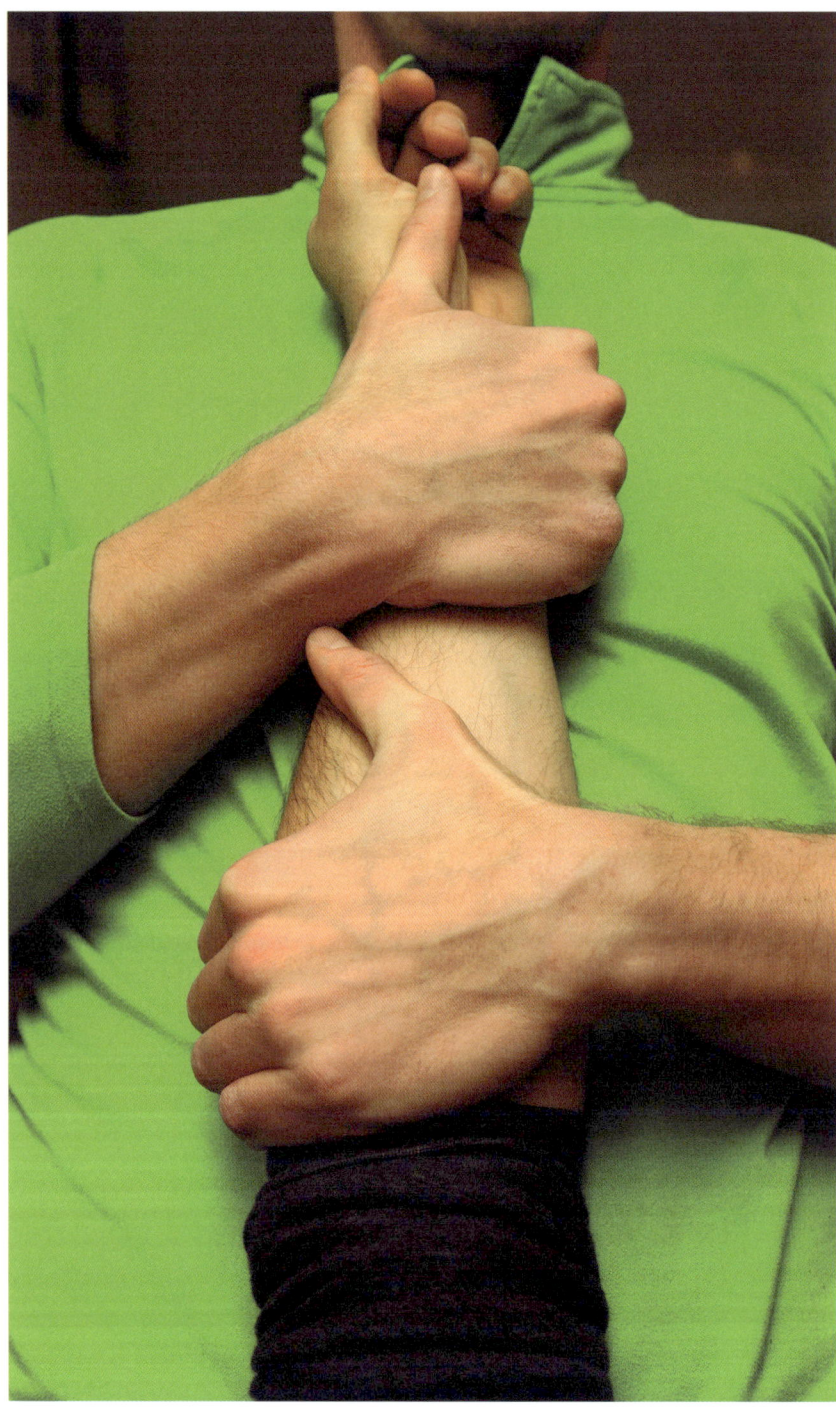

WIE AUS KLIENT UND PERSONAL TRAINER EIN TEAM WIRD

Erfahrungsberichte
Stefan Rudel / Ursula Wieland

Menschen, die uns aufsuchen, haben ganz konkrete Themen, die sie mit unserer Hilfe angehen wollen. Sie möchten einen bestehenden Zustand verändern. Diese Verhaltensänderung, die wir mit unserer Arbeit unterstützen, sorgt für mehr oder weniger Stress bei diesen Menschen. Schließlich bietet gewohntes Verhalten Sicherheit und alles Neue wirkt bedrohlich. Gerade deshalb ist es so wichtig, diese Menschen dort abzuholen, wo sie gerade stehen. Vertrauen aufzubauen, sie für sich zu gewinnen und ein starkes Team zu bilden, sind die ersten Maßnahmen für eine erfolgreiche Zusammenarbeit.

STEFAN RUDEL: DIENSTLEISTER UND KLIENT – EIN WINNING TEAM

Was waren meine Impulse, einen Personal Trainer zu engagieren, statt mein Vorhaben alleine anzugehen?

Ich heiße Stefan und bin 45 Jahre alt. Seit meiner Kindheit habe ich regelmäßig Sport getrieben. Bis Mitte 30 lag mein Fokus dabei auf Ball- und Mannschaftssportarten wie Handball und Volleyball. Dadurch war ich an regelmäßiges Training unter Anleitung gewöhnt und hatte nie größere Probleme mit meinem Gewicht. Zusätzlich ging ich gerne Laufen oder Radfahren und hatte Freude daran, mich sportlich zu betätigen.

Gewichtsprobleme habe ich bis dahin nie gehabt. Ich wog seit meinem 20. Lebensjahr in der Regel zwischen 80 bis 92 Kilogramm, bei meiner Körpergröße von 1,90m völlig in Ordnung.

Durch Beruf und Familie sowie unseren privaten Hausbau geriet der Sport dann leider für eine Zeit in den Hintergrund und ich erlebte das wahrscheinlich typische Auf und Ab eines Mannes um die 40: keine Zeit für Sport, viel Arbeit, immer mal ein Bierchen mit Freunden und häufig eher schnell und ungesund essen. Mein Körper veränderte sich und zwei- bis dreimal pro Jahr kam das große Erwachen und ich versuchte radikal abzunehmen und wieder Sport zu treiben.

Das Ergebnis war, dass mein Gewicht nun zwischen 90 und 105 Kilogramm Gewicht schwankte und meine körperliche Verfassung sich objektiv betrachtet jedes Jahr ein klein wenig verschlechterte. Richtig glücklich war ich damit nicht mehr. Parallel kündigte ich 2011 auch noch meinen Job und machte mich selbstständig. Die nächsten Jahre waren nun bestimmt durch noch mehr Arbeit und hohen Erfolgsdruck.

Im Jahr 2012 bin ich durch mein privates Umfeld zum ersten Mal in Berührung mit Triathlon gekommen. Wir haben damals unter Freunden aus einer Laune heraus beschlossen, dass wir an einem Teamtriathlon teilnehmen und für mich war es eine willkommene Gelegenheit, mich darauf systematisch vorzubereiten. Gesagt getan, ich lud mir einen 3-Monats-Trainingsplan für einen Volkstriathlon aus dem Internet und war mit meinem ersten Triathlon über die Sprint-Distanz sehr zufrieden.

Nun war mein Ehrgeiz geweckt und ich meldete mich in einem Triathlon-Verein an, damit ich regelmäßig unter Anleitung schwimmen konnte. Das Rad- und Lauftraining organisierte ich alleine, indem ich mir auf Basis von Büchern und Internetrecherchen meinen persönlichen Trainingsplan entwickelte.

Das Training machte mir sehr viel Spaß und im darauffolgenden Jahr 2013 absolvierte ich zwei Triathlons über die olympische Distanz in respektabler Zeit. Insgeheim hatte ich schon Visionen von Hawaii und meiner Teilnahme am IRON MAN. Ich hatte zu der Zeit wieder mein Gewicht auf ca. 90 Kilogramm herunter trainiert und fühlte mich körperlich sehr wohl.

Leider entwickelte sich das Ganze in den darauffolgenden Jahren nicht so wie gehofft und ich wurde häufig durch Infekte im Training zurückgeworfen. Ich meldete mich zwar immer wieder für Triathlon-Wettbewerbe an und plante auch entsprechend mein Training, aber die meisten Wettbewerbe musste ich wieder absagen, weil es mir nicht gelang durchgehend gesund zu sein und entsprechend zu trainieren. Durch den damit einhergehenden Frust nahm leider auch wieder mein Gewicht zu.

Ich schaffte es während dieser Zeit nicht, ein vernünftiges Gleichgewicht zwischen Trainingsphase beziehungsweise Belastung und Entspannung beziehungsweise Regeneration zu finden. Meist schwankte ich zwischen zwei Extremen: Zeiten mit hoher Trainingsintensität und bewusster Ernährung, einhergehend mit Gewichtsabnahme und vorübergehendem Wohlgefühl. Dann Rückschlag durch

Infekt, keinem Training und Frustbewältigung durch unachtsame Ernährung und Gewichtszunahme. Ein Teufelskreis, der mich zunehmend frustrierte.

Durch meine unternehmerische Tätigkeit im Consulting bin ich es gewohnt, mich bei wesentlichen Entscheidungen beraten zu lassen. Im Spätherbst 2015 beschloss ich, dass es an der Zeit war, mich auch im Training professionell unterstützen zu lassen und ging auf die Suche nach einem Personal Trainer. Mein Wunsch war es, jemanden zu finden, der mir mehr Struktur und Sicherheit für mein Training brachte und mir dabei half, dauerhaft gesund zu trainieren und mich dabei kontinuierlich in den drei Triathlon-Disziplinen zu verbessern.

WELCHE ERWARTUNGEN HATTE ICH UND WIE WURDEN DIESE ERFÜLLT?

Ich suchte gezielt im Internet in der Region nach einem Personal Trainer, der idealerweise selber Triathlon machte oder zumindest Erfahrungen in dieser Sportart mitbrachte.

Meine Vorstellung war, jemanden zu finden, der mir regelmäßig an meine Entwicklung angepasste Trainingspläne entwickelt und mit dem ich mich ein bis zweimal im Monat persönlich treffen konnte, um gemeinsam zu trainieren.

Im Internet stieß ich dann auf einen passend wirkenden Personal Trainer. Die Webseite sprach mich sehr an und ich beschloss, einen Termin mit ihm zu vereinbaren.

Im ersten Gespräch hatte ich ein gutes Gefühl und da ich eher pragmatisch veranlagt bin, entschloss ich mich dazu, mit diesem Trainer in mein Vorhaben einzusteigen und nicht noch mit weiteren Anbietern zu sprechen. Mir gefiel seine ruhige Art und seine Herangehensweise an die Zusammenarbeit, nämlich vor dem eigentlichen Training erst einmal eine grundlegende sportmedizinische Untersuchung durchzuführen und mir über meine Zielsetzung klar zu werden. Und er hatte Erfahrungen im Triathlon, also genau was ich suchte.

Was mich anfangs etwas irritierte, waren die ersten Termine und der Verlauf der Gespräche. Statt über Training sprachen wir über meine grundlegende Motivation, meine Ziele im Leben und Themen, über die ich mir im Zusammenhang mit Training bisher keine oder kaum Gedanken gemacht hatte. Triathlon machte mir Spaß, tat mir grundsätzlich gut und eigentlich ging es doch nur darum, möglichst schnell wieder ins Training einzusteigen und es dieses Mal besser zu machen als alleine.

Rückblickend muss ich sagen, dass es mir damals schwer fiel, meine Zielsetzungen klar zu beschreiben und ich anfangs nicht immer verstanden habe, was mein Coach von mir wollte. Ich war so darauf gepolt, dass ich nun ja professionelle Hilfe hatte und mein Training ab sofort funktionieren müsste. Auch tat ich mich schwer mit der Umsetzung mancher Vorschläge, zum Beispiel dem Führen eines Tagebuchs oder mir bestimmte Themen handschriftlich zu notieren. Als Laptop-Nutzer war und bin ich Tastatur und digitale Dokumente gewohnt. Heute schätze ich es sehr, mir zu bestimmten Themen meine Gedanken handschriftlich zu notieren.

Mein erstes Aha-Erlebnis war die Auswertung meiner sportmedizinischen Untersuchung im Klinikum. Ein Ergebnis war, dass mir die Grundlagenausdauer fehlte. Mein Körper war es gewohnt in hohen Pulsbereichen zu trainieren, aber ich hatte in meinem Training versäumt, ausreichende Einheiten im Grundlagenbereich zu machen. Ich war fast schockiert, als ich die Empfehlung bekam, in einem Pulsbereich von 110–130 zu trainieren. Denn diesen Puls hatte ich bereits beim schnellen Spazieren gehen und das war für mich bisher kein echtes Training.

So stiegen wir also in das gemeinsame Trainingsprogramm ein und ich versuchte mich an die neuen Vorgaben zu gewöhnen: Intervall-Joggen und schnelles Gehen anstatt durchgehend Laufen. Zusätzlich wie gewohnt zwei Mal die Woche ins Schwimmtraining des Triathlonvereins gehen. Darüber hinaus Athletikübungen, die durch Videoaufnahmen unterstützt wurden. Wie immer begann ich mit viel Elan und Motivation und erzielte schnell spürbare Fortschritte.

Eine Zeitlang ging das sehr gut und ich fühlte mich zunehmend wohler damit, in einem anderen Tempo als bisher zu trainieren. Auch die Gespräche mit meinem Coach taten mir gut, wenn ich auch nach wie vor Probleme hatte, ihm seine Fragen nach meiner Zielsetzung zu beantworten. Stattdessen plante ich lieber die nächsten Wettbewerbstermine für Triathlon.

Dann bekam ich einen Infekt und war völlig überrascht. Wie konnte das sein, nachdem ich doch nun genau das gemacht hatte, was mir empfohlen wurde? Meine Ungeduld wuchs und ich fing sofort wieder an zu trainieren, als ich das Gefühl hatte, mir ging es besser.

Das Resultat ließ nicht lange auf sich warten. Nach zwei Trainingseinheiten lag ich wieder eine Woche flach und war nun völlig frustriert. So langsam begriff ich, dass ich anscheinend auf einem völlig falschen Weg war und dass es so nicht funktionieren würde.

Meine ursprünglichen Erwartungen an die Zusammenarbeit waren nicht eingetreten und ich begann ernsthaft zu hinterfragen, was es mir nutzte.

IN WELCHEN MOMENTEN WAR ES HILFREICH „GEMEINSAM" DEN WEG ZU BESCHREITEN?

Ich setzte mich also mit meinem Coach zusammen und wir sprachen darüber. War ich anfangs noch sehr überrascht über seine kritischen und hartnäckigen Fragen, begann ich nun mich ernsthaft damit auseinanderzusetzen: Wieso wollte ich denn unbedingt Triathlon machen? Was ist denn meine Lebensvision und was treibt mich an? Welche Rolle spielt der Sport dabei und was motiviert mich wirklich?

In unseren Gesprächen erkannte ich den wirklichen Wert der Zusammenarbeit mit meinem Coach. Seine Unterstützung ging viel weiter über das hinaus, was ich ursprünglich erwartet hatte. Die Perspektive, die er einnahm, war viel weiter gefasst und umfasste einen ganzheitlichen Ansatz: Er hatte von Anfang an versucht, erst einmal ein stabiles Fundament zu entwickeln, auf dem ich mein Training aufbauen konnte. Und ich hatte Monate gebraucht, um dies zu verstehen.

Letztlich kam ich zur Erkenntnis, dass ich versucht hatte, in meinem gewohnten Muster weiterzumachen, eben nur mit einem Personal Trainer, der die Trainingspläne schrieb. Ich hatte mir weiterhin selber unnötig Druck gemacht, zu viele und zu intensive Trainingseinheiten und zu wenig Regeneration eingeplant. Dabei immer dieses Gefühl, ich „muss" noch etwas mehr tun und es reicht nicht. Ich konnte mir nicht vorstellen, dass es ausreicht, wenn ich nach einem Training nicht völlig kaputt war. Für Impulse und Signale von außen war ich blind. Im Gegenteil, jede gut gemeinte Äußerung meiner Frau oder anderer Personen in meinem persönlichen Umfeld, es doch entspannter anzugehen, ignorierte ich oder war mir sicher, dass sie es falsch sahen.

Wirklich geändert hatte ich nichts, weder war mir meine Zielsetzung bewusst noch war ich wirklich offen dafür, mich mit diesen grundlegenden Fragen auseinanderzusetzen.

Mein Coach führte mir vor Augen, in welchem schlechten Zustand ich mich körperlich aber auch psychisch befand und dass ich auf dem besten Wege in einen völligen Zusammenbruch war, wenn ich nicht endlich erkannte, dass ich etwas verändern muss.

Ich befand mich in einem Zustand der Verzweiflung und völliger Unsicherheit. Hatte ich ein „Burn-out"? Wie konnte das sein und wieso hatte ich es selber nie bemerkt? Aber endlich hatte es jemand ausgesprochen, denn unbewusst war mir schon seit Langem klar, dass irgendetwas nicht stimmte. Hinterher erst wurde mir bewusst, dass es schon länger Warnsignale gegeben hatte: Dezente Hinweise meiner Frau, dass ich sehr verkrampft wirke und sie nicht das Gefühl habe, ich genieße mein Training. Aussagen meiner Kinder, dass der Papa nie wirklich Zeit hat für sie. Hinweise von Freunden, wie voll mein Kalender sei. Unzufriedenheit bei Kunden, wenn ich nicht genug Zeit für gemeinsame Projekte hatte, obwohl es so besprochen war. Ich hatte ständig das Gefühl, ich werde niemals „fertig", und ich fühlte mich wie ein Hamster im Laufrad ohne Chance einen Schritt an die Seite zu treten und die ganze Situation in Ruhe von außen zu betrachten. Ich fühlte mich immer häufiger müde und erschöpft und hatte diesen Zustand inzwischen als „normal" gespeichert.

Hilfreich war nun, dass mein Coach mich von Anfang an auf seine ruhige Art begleitete und mir jeglichen Druck nahm. Er zeigte mir schnell, worauf es nun ankam und ich reagierte konsequent und entledigte mich zügig aller Verpflichtungen und Themen, die mich unter Druck setzen: Triathlon-Termine, Job-Termine, private Verpflichtungen. Alles, was nicht „lebensnotwendig" schien, wurde gestrichen. Und ich nutzte die dadurch gewonnene Zeit für etwas, das ich nicht mehr kannte: einfach mal „nichts" tun.

Zusätzlich plante ich eine persönliche Auszeit ein. Und ich erfüllte mir einen großen persönlichen Lebenstraum: Ich ging alleine für ein paar Tage nach Schottland zum Wandern. Die Zeit bis dahin nutzte ich konsequent, um gemeinsam mit meinem Coach für meine körperliche und geistige Regeneration zu sorgen. Ich war dabei immer wieder überrascht von seinen guten Ideen und den neuen und für mich ungewöhnlichen Trainingsmethoden. Aber bei allem was wir taten, trat für mich im Nachgang ein „Aha"-Effekt ein und ich merkte, dass ich den Sport nicht losgelöst von meinem sonstigen Leben betrachten konnte. Im Gegenteil, so lange ich mir nicht klar wurde, welche Visionen und Ziele ich in meinem Leben verfolgte, würde ich auch keinen angemessenen Umgang mit meinen sportlichen Aktivitäten finden.

Ich habe mich sehr gefreut, als er mich fragte, ob ich bereit sei, einen Gastartikel für dieses Buch zu schreiben. Während ich meine Gedanken aufschreibe, befinde ich mich in einem körperlich und geistig besseren Zustand und mitten in der Erarbeitung und Beschreibung meiner persönlichen Lebensvision. Ich nehme mir dafür ausreichend Zeit und bin zuversichtlich, dass ich sie bald beschrieben habe. Die regelmäßigen Begegnungen mit meinem Coach sind dabei für mich eine wichtige und wertvolle Hilfe. In mir spüre ich eine große Zuversicht, dass ich auf dem richtigen Weg bin. Inzwischen habe ich wieder viel mehr Freude an körperlicher Bewegung.

Bei all dem habe ich bereits jetzt einen wesentlichen Erfolgsfaktor gefunden: viel mehr Gelassenheit. Ich betätige mich sportlich ohne Druck, eher spüre ich eine wachsende Neugierde darauf, welche Impulse sich in welcher Art und Weise auf meinen Körper auswirken. Ich lerne zu beobachten und aus den Rückmeldungen meines Körpers zu lernen. Ich erwische mich momentan immer öfter bei Tagträumen und Gedanken daran, wie ich wieder Triathlon mache – viel entspannter als bisher. Eines ist sicher: Ich genieße es sehr, dass ich auf diesem Weg nicht alleine gehe und dass ich jemanden an meiner Seite habe, der mir durch seine Impulse wertvolle Hinweise gibt und meine Weiterentwicklung fördert.

In mir spüre ich bei all dem die Gewissheit, dass ich das richtige Maß für meinen Sport finden werde und darüber hinaus viel mehr gewinnen werde: völlige Zufriedenheit. Und eine Stimme in mir sagt, dass ich noch staunen werde, welche Resultate sich im Laufe der Zeit zeigen werden. Ich freue mich darauf, aber ich verspüre nicht mehr diesen unbedingten Druck, dass es schnell oder zu einem bestimmten Zeitpunkt so weit sein muss. So wie es sein wird, wird es gut sein.

Somit sehe ich der weiteren Zusammenarbeit mit Freude und Neugier entgegen und bin gespannt, was sich daraus noch entwickeln wird. Eines kann ich aber mit Bestimmtheit sagen: Ich bin rückblickend sehr glücklich, diesen Schritt gegangen zu sein.

WAS IST AUS MEINER SICHT WESENTLICH FÜR DEN ERFOLG?

Ich glaube, dass ich es alleine niemals geschafft hätte, aus meinem Hamsterrad herauszukommen. Es ist der klare Vorteil der Zusammenarbeit mit einem Coach, dass man jemanden hat, der einem den Spiegel vorhält. So gelingt der Schritt „beiseite", vielleicht bereits durch eine einzige oder wenige, manchmal banal klingende Fragen. Bei mir zum Beispiel waren es Fragen, wieso ich eigentlich Triathlon machen möchte oder welche Grundbedürfnisse ich im Leben habe. Man denkt häufig, dass man das doch wisse, aber dann merkt man doch, wie schwer man sich tut, es klar zu benennen.

Mit den bisherigen Erfahrungen glaube ich, dass insbesondere diese Faktoren entscheidende Bedeutung haben für die erfolgreiche Zusammenarbeit zwischen Klient und Personal Trainer:

· Vertrauen in die Person des Trainers. Als Klient muss ich mich völlig öffnen können und wollen. Der Trainer wird sehr persönliche Dinge erfahren, wenn man eine Zusammenarbeit anstrebt, die über das reine Verfassen von Trainingsplänen hinausgeht. Nur dann wird man von der Zusammenarbeit in einem Maße profitieren, die das eigene Leben dauerhaft bereichert.

· Ein klares Konzept und konsequentes Vorgehen des Trainers. Durchaus auch mal unbequem sein und es aushalten könne, wenn der Klient sich mit Themen schwer tut. Nicht gleich mit einer Lösung kommen, sondern die Selbsterkenntnis des Klienten fördern. Die daraus resultierenden Ergebnisse werden nachhaltiger sein. Gerade diese Fähigkeit finde ich persönlich sehr wertvoll und sie unterscheidet für mich, ob jemand als guter Coach arbeitet oder lediglich Pläne schreibt.

- Erfahrungswissen auf Seiten des Trainers. Ich kenne es selber aus meiner beruflichen Praxis: Man lernt am Besten durch gemachte Erfahrungen und profitiert davon, wenn man sich mit jemandem austauschen kann, der selber entsprechende Erfahrungen gemacht hat. In meiner Zusammenarbeit mit meinem Coach spüre ich immer wieder, dass er genau weiß, wovon ich spreche und dass er sich in meine Situation hineinversetzen kann.

- Methodische Sicherheit, Einfühlungsvermögen und Flexibilität auf Seiten des Trainers. Ich fühle mich als Klient wohl, wenn ich spüre, dass sich mein Trainer für mich interessiert, dass er mir zuhört, beobachtet und flexibel darauf reagiert. Und dann sicher ist in seinem Vorgehen. So habe ich immer den Eindruck, dass es um mich geht und nicht um einen bereits feststehenden Plan.

- Der menschliche Faktor. Für mich ist es wichtig, dass ich neben all den bisher genannten Punkten auch Sympathie für meinen Trainer habe. Ich möchte es angenehm finden, wenn ich Zeit mit ihm verbringe und mich dabei wohl fühle. Zum Beispiel kann ein ansteckendes Lachen im richtigen Moment manchmal mehr bewirken als ein konkreter Lösungsvorschlag. Ich glaube in einer langfristig erfolgreichen Zusammenarbeit zwischen Klient und Trainer entstehen häufig schöne Freundschaften. Eigentlich ein sehr schöner Nebeneffekt dieses Berufs, wie ich finde.

URSULA WIELAND: DIENSTLEISTER UND KLIENT – EINE STARKE VERBINDUNG

Meine „Karriere" als Übergewichtige dürfte Vielen vertraut sein: Ich wuchs auf in einer Familie, in der gutes Essen und Trinken als Inbegriff von Lebensfreude und Wohlbefinden galten. Bereits als Kind war ich stets dicker als Gleichaltrige. Wenn ich mich deswegen abgelehnt oder frustriert fühlte, waren Süßigkeiten meine Tröster. Allerdings gehöre ich auch noch nicht der „Generation Nintendo" an. Volleyball, Schwimmen, Rad fahren und viele weitere Outdoor-Aktivitäten waren für mich selbstverständlich und ich fühlte mich durch mein Übergewicht dabei nicht behindert. Während meines Studiums bewegte ich mich dann schon sehr viel weniger, galt aber in meinem Freundeskreis immer noch als sportlich. Meine zu ausgeprägten Kurven bekämpfte ich mit immer neuen Diäten und wurde so zum wandelnden Jo-Jo. Im Berufsleben wuchs dann der Stress-Level, mein Bewegungsdrang tendierte gen Null und das Prinzip „Belohnung durch Essen" war fest etabliert.

Ganz langsam schlichen sich Krankheiten ein. Das Röntgenbild meines Knies, dass ich wegen einer Verletzung anfertigen ließ, brachte mir den Spruch des Arztes ein: „Sollte mich schwer wundern, wenn Sie mal so alt werden, wie Ihre Gelenke jetzt schon aussehen!" Doch selbst als ich anfing, die Laufwege innerhalb meiner eigenen Wohnung vorzuplanen, damit ich nur ja nicht zwei Mal von einem Raum in den anderen wechseln musste, konnte ich nicht anders auf mein stetig steigendes Gewicht reagieren, als immer neue Diäten anzufangen, die ich ebenso regelmäßig wieder abbrach.

Und dann kam der Morgen vor gut anderthalb Jahren, an dem ich mich in der Notaufnahme des örtlichen Krankenhauses wiederfand. Es waren „nur" Herz-Rhythmus-Störungen, aber dieses Gefühl von Panik und absoluter Hilflosigkeit werde ich nicht mehr vergessen. Was für andere wohl recht offensichtlich war, wurde mir erst jetzt wirklich klar: Es geht um mein Leben! Ich muss abnehmen! Aber wie sollte ich das anstellen? Mir war zumindest klar, dass eine Ernährungsumstellung sinnvoll und wichtig war, aber nicht ausreichen würde. Ich musste wieder in Bewegung kommen – nur wie? Es gab so viele Beschränkungen. Ich wog inzwischen 190 Kilo, hatte Arthrose in beiden Knien, Lymphödeme und Angst vor dem nächsten Herz-Anfall. Alleine wollte ich keinen Sport betreiben, schon weil ich mir nicht zutraute, das richtige Mittelmaß zwischen Überanstrengung für Herz und Gelenke und für den Erfolg notwendiger Belastung zu finden.

Außerdem wusste ich auch gar nicht, welchen Sport ich betreiben könnte. Rad fahren ging nicht mehr, da spielten meine Knie einfach nicht mehr mit. Joggen oder Walken? – Nicht mit meinem Gewicht! Schwimmen wäre natürlich ideal – aber wann kommt man als berufstätiger Mensch schon ins Schwimmbad, wenn es nicht gerade um die Ecke liegt? Also ins Fitness-Studio? Das ist nun wirklich nicht mein Ding! Der Gedanke, nach einer kurzen Einführung mehr oder minder auf mich gestellt diverse Maschinen zu bearbeiten oder gar in einer Gruppe mit vorturnendem Drill-Instruktor ein Programm zu absolvieren, das irgendwie dem Durchschnitt der Anwesenden gerecht werden soll, konnte mich nicht motivieren.

WO FINDE ICH EIN AUF MICH ZUGESCHNITTENES SPORTPROGRAMM?

Von einem Personal Trainer hatte ich bisher nur im Fernsehen gehört. Aber schon bei dieser Gelegenheit fand ich die Idee bestechend, dass ein Trainer zu mir in die Wohnung kommt. Da ich mich kenne, ist es durchaus ein Argument, wenn das morgen- oder abendliche Aufraffen, Packen und zum Training gehen, entfällt. Und kein wie auch immer geartetes Publikum zu haben, wenn ich meine Massen in Bewegung setze, war ebenfalls ein Pluspunkt.

Da ich aus meinem Bekanntenkreis mangels persönlicher Erfahrung keine Empfehlung erhalten konnte, habe ich im Internet nach einem Personal Trainer gesucht. Wichtig war mir vor allem, Kompetenz im Umgang mit meinen gesundheitlichen Beeinträchtigungen zu finden. Gerade in dieser Hinsicht fühlte ich mich von einer Website besonders angesprochen. Hier wurde mir vermittelt, dass die Trainer eine solide und umfängliche Ausbildung vorweisen können, sich durch Fortbildungsmaßnahmen auf dem neuesten Stand halten und dass der Fokus des angebotenen Trainings auf der Wiederherstellung und dem Erhalt von Gesundheit liegt, nicht auf „Bodyshaping". Damit wollte ich es versuchen.

Heute, ein knappes Jahr nach dem ersten Kontakt mit meinem Trainer, kann ich mir nur selbst zu dieser Entscheidung gratulieren. Allerdings war der Einstieg völlig anders als erwartet!

Ich hatte mir vorgestellt, nach einer ausführlichen Befragung zu meinen körperlichen Beschwerden und meinen Trainingszielen vielleicht schon mit einer ersten kleinen Übungseinheit zu starten und dann in einem Folgetermin Diät- und Trainingspläne zu erhalten. Tatsächlich war ich in den nächsten Terminen mit einer sehr intensiven Reflexion der Ursachen und Auswirkungen meines Übergewichtes beschäftigt. Wer mich kennt, weiß, welche Überwindung es mich gekostet hat, mich darauf einzulassen. Und wie besonders vertrauenserweckend die Person sein muss, die ich als mentalen Sparringpartner akzeptieren kann.

Ich werde hier nicht weiter aus dem Nähkästchen plaudern, aber ich bin sehr froh, dass Persönlichkeit und Ausbildung es meinem Trainer ermöglicht haben, die emotionalen Klippen dieser Phase so gut zu umschiffen. Nicht dass der Prozess abgeschlossen wäre! Er wird mein Training weiter begleiten und jeder, der trotz Erfolgen schon einmal mit einem Durchhänger konfrontiert war, kann verstehen, wieso das wichtig ist.

Auch in den Bereichen Ernährung und Bewegung lief der Einstieg anders als erwartet. Ich hatte bereits vor meinem Training angefangen, meine Ernährung auf Low Carb umzustellen. Damit fühlte ich mich wohl und diese Ernährungsweise war für mich auch im Berufsleben praktikabel. Von meinem Trainer gab es dann keine neuen Diät-Pläne oder andere Vorgaben, sondern jede Menge Informationen. Ich würde es als das „Finde heraus, was Dir gut tut"-Prinzip bezeichnen. Grundlage war ein Ernährungsprotokoll, das ich über mehrere Wochen geführt habe. Wenn ein von mir verwendetes Lebensmittel oder eine Zubereitungsweise von meinem Trainer kritisch bewertet wurde, gab es dazu eine ausführliche Begründung und alternative Vorschläge bis hin zu Rezepten. Diese offene, druckfreie Herangehensweise hat es mir ermöglicht, neugierig zu sein und die angebotenen Alternativen auch wirklich ausprobieren zu wollen. Für jemand wie mich, der so gerne kocht und die sinnliche Komponente des Essens gleichberechtigt neben den „Nährwert" stellt, ist das einer der Schlüssel zum Erfolg. Wer hätte je gedacht, dass ich mich für grüne Smoothies und selbst gebackenes Brot begeistern kann?

Eine der wichtigsten Erfahrungen beim Thema Ernährung war es, einen heftigen Rückfall in schlechte alte Gewohnheiten, den man erst mal als Scheitern erlebt, mit Hilfe des Trainers anders verarbeiten zu können. Kleine Sünden soll man genießen und größere haben Ursachen, mit denen man sich auseinandersetzen muss. Auch hier wieder in einem partnerschaftlichen Gespräch, das Handlungsalternativen zum Ziel hat, aber nie manipuliert. So tappt man nicht gleich in die „jetzt kommt's eh nicht mehr drauf an"-Falle. Extrem hilfreich war für mich in dieser Situation, dass mit meinem Trainer jemand an meiner Seite war, der mir meine bereits erreichten Erfolge ständig präsent und damit die Motivation hoch gehalten hat.

Natürlich sind wir dann auch in das sportliche Training eingestiegen. Was ich nicht erwartet habe, waren Aufgaben wie „Treppen steigen" oder „Hinknien und ohne Hilfsmittel wieder aufstehen" – Fähigkeiten zur Bewältigung des Alltags, die ich als Alleinlebende zwar brauche, von mir aus in einem Training aber nicht nachgefragt hätte.

Von Anfang an fühlte ich mich gefordert, aber nicht überfordert. Das klingt erst mal banal. Tatsächlich bedeutet es, dass mein Trainer meine Leistungs-möglichkeiten sehr gut einschätzen kann. Aufeinander aufbauende Übungs-schritte, die für mich jedes Mal mit einem Erfolgserlebnis verbunden sind, führen zu neuen, vorher nicht möglichen Bewegungszielen. Ich lerne ständig neue Trainingsmöglichkeiten kennen: Boxen, Gewichtheben, Bodenturnen und vieles mehr. Und ich entwickle das Selbstvertrauen, alles auszuprobieren. Vor Beginn meines Trainings war alles schwierig oder unmöglich. Jetzt bin ich vor allem gespannt, wie ich die Aufgaben bewältigen werde. Ich brauchte das Gefühl, mich auf die Kompetenz meines Trainers verlassen zu können. Jetzt beginne ich, selbst Kompetenz aufzubauen.

Ich wiege heute bereits 34 Kilogramm weniger und konnte meine Medi-kamente reduzieren. Herz-Rhythmus-Störungen habe ich keine mehr. Ich bin so viel beweglicher und aktiver geworden, dass ich wieder in die Zukunft plane. Ein Fahrrad-Urlaub soll es nächstes Jahr werden. Vor allem aber erweitere ich meinen Radius im Alltag und auf Reisen wieder, schlichtweg, weil ich es mir zu-traue und das Gehen wieder möglich ist. Meine schwere Kniearthrose meldet sich nur selten noch so stark wie früher. Ich experimentiere mit lieb gewonnen Gewohnheiten und stehe anderen gegenüber für mich ein.

Es wird noch eine Weile dauern, mir selbst Trainingsziele zu setzen, eigene Übungsabläufe zusammenzustellen und ohne Anleitung durchzuführen, aber ich bin auf dem Weg und ich fühle mich dabei gut begleitet.

WAS WAR AUS MEINER SICHT FÜR DIESEN ERFOLG WESENTLICH?

- Handlungsalternativen aufgezeigt zu bekommen, ohne Druck ausge-setzt zu sein,
- partnerschaftlicher und wertschätzender Umgang miteinander,
- Raum und Gelegenheit für Lernprozesse.

Meine Gedanken:

Reflexion:
1. Was berichten meine Klienten Ihren Freunden und Bekannten über mich?
2. Welche Faktoren wiederholen sich dabei immer wieder und sind stark ausgeprägt?
3. Was ist das Wesentliche, weshalb mich meine Kunden buchen?

DAS HIGHLIGHT DER
BRANCHE

www.personal-trainer-conference.com

NEOS AWARD

PREMIUM

PERSONAL TRAINER CLUB

NEOS AWARD

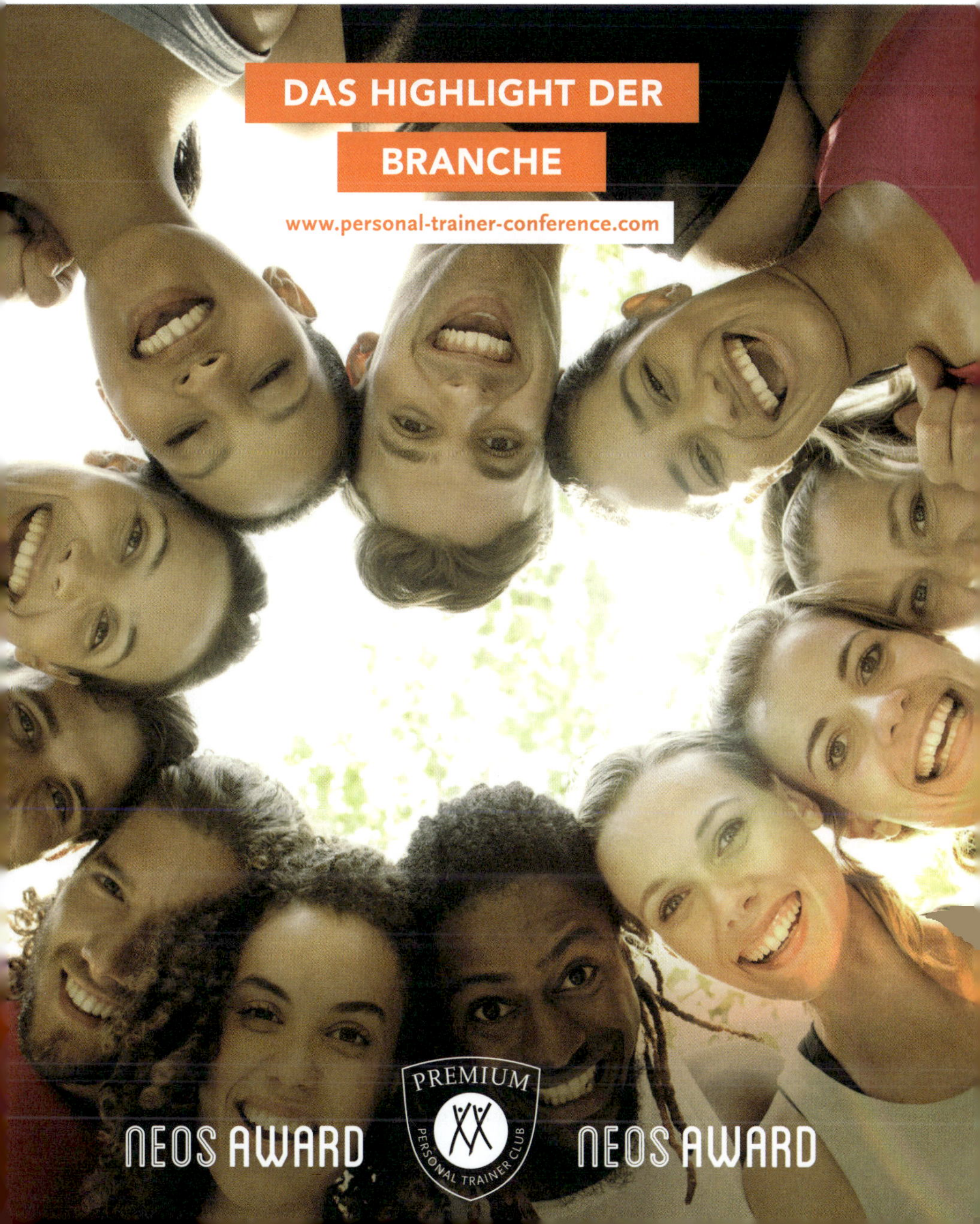

Kapitel 3

WIE GEWINNE ICH MENSCHEN FÜR MICH UND MEIN ANLIEGEN

Tilo Hossbach

Es gibt im Leben ein seltsames Phänomen. Menschen möchten gerne an etwas Besonderem teilhaben. Wenn sich jemand etwas Besonderes im Leben vorgenommen hat, dann sind andere Menschen bereit, ihn zu unterstützen und einen Teil dazu beizutragen.

Im folgenden Kapitel erkläre ich Ihnen, wie Sie ganz strukturiert Menschen für sich gewinnen können und Unterstützung für Ihre Ziele erhalten. Damit haben Sie für Ihre Projekte, in denen Sie mit Menschen gemeinsam mehr bewegen möchten, einen Leitfaden an der Hand. Ich unterteile mein Kapitel in zwei Teile:

Ich-Ebene
Im Teil der Ich-Ebene schauen wir uns an, wie man eine motivierende Ausstrahlung auf andere Menschen entwickelt.

Wir-Ebene
Im Teil der Wir-Ebene holen wir uns mit Hilfe dieser Wirkung auf unser Umfeld ganz konkrete Unterstützung und lernen, mit Widerständen umzugehen.

ICH-EBENE

Jeder von uns hat ganz bestimmte Wünsche und Ziele, die er unbewusst oder sogar bewusst anstrebt. Ich werde zur Erläuterung ein konkretes Beispiel aus unserer Branche anführen:
Sie möchten Ihren aktiven Kundenstamm vergrößern. Bevor Sie nun loslegen und alle möglichen Dinge unternehmen, klären Sie, ob Ihr Wunsch, ein größerer aktiver Kundenstamm, Ihren Werten entspricht. Was ist Ihnen wichtig in Ihrer Arbeit und in Ihrem Privatleben. Welches Bedürfnis befriedigen Sie damit und können Sie Ihre Stärken in dieses Projekt einbringen?

Das ist wichtig zu klären, denn Sie werden auf dem Weg zu Ihrem Ziel mit einer Menge Entscheidungen konfrontiert werden. Je früher Sie sich dieser Aspekte bewusst sind, desto klarer können die späteren Entscheidungen getroffen werden. Sie erhalten mit der Klärung obiger Fragen Unterstützung aus Ihrem inneren System. Damit steigt die Wahrscheinlichkeit für Ihren Erfolg um ein Vielfaches!

EINE FRAGE DER DEFINITION

Definieren Sie Ihren Wunsch ganz genau. Am besten in einem schriftlichen Satz. Etwas aufzuschreiben, macht es konkret und damit wird es verbindlich! Gehen Sie dabei so detailliert wie möglich vor. Dies beinhaltet neben Ihnen als Person, z. B. wie Sie sich fühlen, was Sie machen, wo Sie ihre Zeit verbringen, auch Faktoren wie den Zeitrahmen und den Zeitpunkt, involvierte Mitmenschen, etc.

Dafür möchte ich wieder unser Beispiel, einen größeren aktiven Kundenstamm zu erhalten, aufgreifen.

Um wie viele neue Kunden soll es sich handeln? Wer sollen diese Menschen sein? Welche bestimmten Merkmale und Eigenschaften sollen diese Kunden aufweisen? Bis wann wollen Sie Ihren Kundenstamm um x Personen vergrößert haben? Entspricht es Ihren Bedürfnissen?

PRÜFEN AUF STIMMIGKEIT

Prüfen Sie Ihren Wunsch nach der Definition nun auf Vereinbarkeit mit Ihren Werten. Mit dem, was für Sie wichtig ist. Ist beispielsweise einer Ihrer Werte Qualität in der Arbeit, dann könnte es eine klare Grenze für die Menge an neuen Kunden geben. Diese Grenze würde durch Nachlassen der Arbeitsqualität gekennzeichnet sein. Schließlich ist auch Ihre Tageszeit begrenzt und ein Mehr an Kunden bedeutet auch ein Mehr an zusätzlich anfallenden Aufgaben (längere Autofahrten, Kontaktpflege, Buchhaltung, körperliche Leistungsfähigkeit Ihrerseits, etc.).

Das Eine schließt meist das Andere nicht aus, es braucht aber die richtige Balance und Vorbereitung.

STANDORTBESTIMMUNG

Bestimmen Sie als nächstes Ihren aktuellen Standort in Bezug auf Ihr Ziel. Stehen Sie noch am Anfang, sind Sie auf halbem Weg oder schon kurz vor dem Ziel?

Anhand unseres Beispiels: Sie haben aktuell zehn aktive Kunden. In drei Monaten sollen es 15 sein. Dann gilt es also, fünf neue Kunden in den nächsten drei Monaten zu gewinnen.

Wo stehen Sie also gerade in Bezug auf Ihr Ziel und Vorhaben?

BEST CASE VS. WORST CASE

Jetzt gilt es sich einmal anzuschauen, was passiert, wenn Ihr Ziel dann tatsächlich in Erfüllung geht und was, wenn dies nicht passiert. Welche Auswirkungen wird es im jeweiligen Fall haben? Mit was könnten Sie rechnen? Unser Beispiel:

Ihr Ziel geht in Erfüllung und Sie erhalten fünf zusätzliche Kunden. Dadurch steigt Ihr Umsatz und Sie machen vielleicht auch Gewinn. Dadurch erhöht sich aber auch die Steuerlast. Sie müssen also Rücklagen für spätere Nachzahlungen bilden und eventuell Abstriche in Ihrer Freizeit machen.

Ihr Ziel geht leider nicht in Erfüllung und Sie erhalten keine neuen Kunden. Ihnen fehlt es nun an Einnahmen. Sie müssen die Ausgaben im beruflichen und vielleicht auch privaten Bereich reduzieren und können nur weniger kostspieligen Aktivitäten in Ihrer Freizeit nachgehen. Möglicherweise sorgen Sie sich und schlafen nicht gut. Sie haben aber viel freie Zeit für kreative Ideen, um doch noch Lösungen für Ihr Problem zu finden.

EINE FRAGE DES PREISES

Als letzten Punkt in der Vorbereitung und eng verbunden mit dem Vorangegangenen stellen Sie sich bitte noch die Frage nach dem Preis, den Sie für Ihr Ziel bezahlen müssen. Seien Sie sich im Klaren darüber, dass jede Veränderung eines Zustands immer auch ihren Preis hat. So wie unsere Kunden, wenn Sie abnehmen möchten, erst einmal auf das regelmäßige abendliche Feierabendbier verzichten müssten oder morgens früher aufstehen sollten, um Sport zu machen.

Welchen Preis hat es, wenn Sie die Verwirklichung dieses Ziels in Angriff neh-men (für Sie, Ihr Umfeld)? Welchen Preis wollen, welchen Preis können Sie für Ihr Ziel zahlen?

Um einen größeren Kundenstamm zu generieren, können Sie sich entscheiden, verstärkt Marketing zu betreiben. Das kann Sie Geld kosten. Damit haben Sie und Ihre Partnerin demnächst vielleicht nicht die Möglichkeit, in den Urlaub zu fliegen.

INNERE BILDER ENTSCHEIDEN

Ihr Ziel ist kohärent mit Ihren Werten, befriedigt Ihre Bedürfnisse. Sie sind sich der Konsequenzen bewusst, wollen und können diese in "Kauf" nehmen.

Stellen Sie sich nun Ihr Ziel vor, leben Sie es vor Ihrem geistigen Auge. Machen Sie aus dem Akt der Vorstellung, des Erlebens Ihres Ziels, ein Ritual. Sie könnten sich z. B. jeden Tag fünf Minuten Zeit reservieren und sich vor-stellen, wie sich Ihr Terminplan mit diesen neuen Kunden füllt. Wie Sie diese Menschen kennenlernen. Es ist die Kunst des mentalen Trainings und schärft Ihre Wahrnehmung.

Mit dieser letzten Aktion in Phase 1 verankern Sie Ihren Wunsch mit seiner Klarheit, seiner Konkretheit, seinen Details auf eine solch besondere Art in sich, dass Sie diesen nun aus allen Poren ihres Körpers leben. Sie werden zu einem Menschen, dem man die Wichtigkeit seines Wunschs nicht nur ansieht, sondern seine Motivation auch erspüren kann.

Sie werden zu einem Magneten für Menschen, die Ihnen dabei behilflich sein wollen, dass Ihr Wunsch Wirklichkeit wird.

WIR-EBENE

Glückwunsch! Sie haben die erste Phase geschafft.

Bis hierher sind Sie nur auf der persönlichen Ebene unterwegs gewesen und außer Ihnen ist noch niemand involviert. Nun soll es darum gehen, wie man Menschen für sich gewinnt und Widerstände minimiert.

IHRE SUPPORTER

Sammeln Sie schriftlich alle Menschen, die Sie auf Ihrem Weg zum Ziel unterstützen könnten. Das können Menschen aus Ihrem Umfeld sein oder auch Menschen, die ähnliche Dinge schon erreicht haben oder sich in dessen Teilgebieten gut auskennen. Wer könnte Sie bei Ihrem Ziel unterstützen?

> *Möglicherweise kennen Sie jemanden, der für Sie interessante Kundenkontakte hat. Oder jemand kann ein guter Kooperationspartner werden, durch den Sie Ihren zukünftigen Kunden näher kommen. Oder Ihre Familie kann in Ihrem Umfeld über Ihre Tätigkeit sprechen und somit für Interessenten sorgen.*

Haben Sie erst einmal alle Unterstützer mit der konkreten Hilfestellung, die diese leisten könnten, benannt, so sprechen Sie diese an. Nutzen Sie dabei den persönlichen Weg. Das kann ein Treffen, aber auch ein persönlicher Brief mit Bitte um Hilfestellung sein.

In jedem Fall stellen Sie klar, dass das Thema etwas Raum für einen Austausch benötigt und Ihnen wichtig ist.

Erzählen Sie der Person von Ihrem Ziel und alles, was Sie damit verbinden. Warum es so wichtig für Sie ist und wie die Person Sie dabei ganz konkret unterstützen kann. Welche Aufgabe oder Rolle Sie für sie vorgesehen haben. Nun wird die Vorarbeit aus der Ich-Ebene voll zur Geltung kommen. Sie werden die Motivation für Ihr Ziel ausstrahlen und das steckt andere Menschen an. Denn diese mögen es, wenn jemand klar ist und für eine Sache brennt und sich begeistert.

Fragen Sie die Person nach ihrer Sichtweise und den Dingen, die ihr in Bezug auf das Thema wichtig sind. Unter welchen Bedingungen wäre sie bereit zu unterstützen? Was können Sie dabei für die Person tun? Wie können Sie es ihr leichter machen?

> *Der mögliche Kooperationspartner sollte auch einen Mehrwert durch die Zusammenarbeit erhalten. Wie könnte dieser Mehrwert aussehen? Ein Kooperationspartner (z. B. der Besitzer eines Sportladens) könnte durch die Zusammenarbeit mit Ihnen einen Mehrwert erhalten, indem Ihre Kunden ihre Sportbekleidung nur dort einkaufen.*

Gehen Sie durch Ihre Liste, arbeiten Sie sich durch Ihre Namen und verteilen Sie die Aufgaben, die Sie Ihren Teammitgliedern zukommen lassen wollen.

GEGENSPIELER

Nun gibt es aber nicht nur Menschen, die Sie unterstützen möchten. Es gibt auch Menschen, die aus ganz bestimmten Gründen erst einmal mit Gegenwehr reagieren könnten. Diese könnten Sie im Verlauf Ihres Vorhabens viel Kraft und Energie kosten, weil Sie sich mit Schadensbegrenzung oder Lösungssuche beschäftigen müssen, obwohl Sie schon mitten in Ihrem Unternehmungsprozess sind. Klug wäre es demnach, solche Energieräuber vorher mit ins Boot zu holen. Machen Sie sich eine Liste mit den Personen, die etwas gegen Ihr Zielerreichen haben könnten!

Ihre Partnerin fühlt sich vernachlässigt, weil Sie mit fünf zusätzlichen Kunden kaum noch Zeit für sie haben. Sie tauschen Zeit mit Ihr gegen Zeit für die Akquise oder mit neuen Kunden ein.

WIE GEHEN SIE MIT DIESEN GEGENSPIELERN UM?

Wie auch mit Ihren Unterstützern, treten Sie in Kontakt mit ihnen. Berichten Sie von Ihrem Vorhaben. Erklären Sie, warum es Ihnen so wichtig ist, dafür auch deren Zustimmung und Unterstützung zu erhalten. Erläutern Sie ihnen aber auch, welche Auswirkungen es auf sie haben könnte und fragen Sie nach deren Meinung. Fragen Sie auch, wie Sie die Folgen für die Person minimieren könnten. Seien Sie offen und ehrlich. Ihr Gegenüber wird bemerken, dass Sie sich Gedanken gemacht haben und es wertschätzen. Es steigt die Wahrscheinlichkeit, dass aus einem Gegenspieler ein Unterstützer wird. Wenn nicht können Sie bereits jetzt nach Lösungen zur Schadensbegrenzung suchen und werden im weiteren Verlauf nicht mit Überraschungsreaktionen konfrontiert.

Mit dieser Schritt-für-Schritt-Erklärung haben Sie nicht nur einen Leitfaden, wie Sie Menschen für sich gewinnen können, sondern haben auch genau diejenigen Menschen um sich versammelt, die Sie mit all Ihrer Kraft, Kompetenz und jeweiligen Stärke bei der Erfüllung Ihres Ziels unterstützen werden.

Viel Erfolg bei der Umsetzung Ihrer Projekte, bei denen Sie mit Menschen gemeinsam mehr bewegen möchten.

Meine Gedanken:

_____

_____

_____

_____

_____

_____

_____

_____

_____

_____

_____

_____

_____

_____

_____

_____

_____

_____

_____

_____

_____

_____

_____

_____

_____

_____

_____

_____

_____

_____

Reflexion:
1. Habe ich diesen Prozess tatsächlich schriftlich durchlaufen?
2. Habe ich diesen Prozess tatsächlich schriftlich durchlaufen?
3. Habe ich diesen Prozess tatsächlich schriftlich durchlaufen?
4. Mit welchen Gefühlen gehe ich jetzt aus diesem Erarbeitungsprozess?

FELS IN DER BRANDUNG – STABILITÄT DURCH RÜCKHALT

Timo Bartel

Was bietet Ihnen die größtmögliche Stabilität in Ihrem Leben?

Eine sehr wichtige Frage, wie ich finde. Gerade heute, wenn Auftragslage und die eigene Beschäftigung sehr unsicher sind. Selbst die Politik bietet nur Stabilität durch die schon immer da gewesenen großen Parteien. Die Inhalte derselben wechseln ja bekanntlich nach Lust und Wahlkampf. Wer oder was bietet Ihnen also den größtmöglichen Rückhalt?

Wenn Ihnen auf diese Frage spontan Ihr eigener Name einfällt, so kann das durchaus sein. Schließlich kennen Sie sich selbst am Besten, können sich einschätzen und wissen, wie Sie ticken. Vielleicht fallen Ihnen auch Ihre Freunde ein. Echte Freundschaften entwickeln sich. Man durchlebt verschiedene Lebensphasen gemeinsam und ein Freund ist jemand, mit dem man auch nach langer Zeit gleich wieder anknüpfen kann. Wahre Freunde sind auch tatsächlich da, wenn Not am Mann ist und man Hilfe benötigt. Sie fordern einen heraus. Locken einen aus der Komfortzone. Aber es gibt noch etwas und darauf wollte ich hinaus – die eigene Familie. Wen Sie hier dazu zählen, definieren Sie selbst. Die eigene Familie ist mit Ihnen groß geworden, hat Sie in verschiedenen Stationen Ihres Lebens und vielleicht auch Berufs erlebt. Manchmal streitet man sich, aber am Ende ist man nur selten wirklich getrennt. Zumindest gilt das für die Menschen, die Sie als Ihre Familie definieren. Diese Menschen wären immer für Sie da. Ob Sie Schulden haben, krank sind oder Kummer leiden. Ob Sie ein persönliches Projekt angehen und sich mit ihnen über Ihren Erfolg freuen oder gerade gescheitert sind. Diese Menschen unterstützen Sie aktiv. Ein Kinderlächeln kann einen miesen Tag in ein positives Feuerwerk verwandeln. Der eigene Partner kann Zuhörer und Spiegel in einer Person sein. Die Eltern kennen Ihre Seiten und stellen Ihnen die Erfahrung ganzer Leben zur Verfügung.

Jede Familie und jede Familienkonstellation hat Ihre besonderen Phasen. Das können Kinder sein, die eine Paarbeziehung in eine Rolle der Verantwortung überträgt oder ein Wohnortwechsel und vieles mehr. Im Falle des (selbstständigen) Personal Trainers als Beruf eines Familienmitglieds kommen weitere Faktoren wie Arbeitszeitflexibilität, finanzielle Planungsunsicherheit und andere hinzu. Gleichzeitig entstehen aber auch Chancen für die gemeinsame Lebenszeit und Planung. Wie so oft beim Thema Berufs- und Privatleben kommt es auf das Gleichgewicht an.

Es gibt unterschiedlichste Konstellationen von Familien. Alle einzeln zu beleuchten, würde den Rahmen dieses Buches sprengen und ist meiner Ansicht nach nicht nötig. Ich habe mit drei Familien, in denen mindestens ein Familienmitglied als Personal Trainer tätig ist, ein Interview geführt. Alle drei Familien haben unterschiedliche Konstellationen und Lebensaufgaben. Wie sie das als Familie erleben und welche Faktoren für sie den entscheidenden Rückhalt bieten, erfahren Sie auf den folgenden Seiten.

Familie Willmann lebte lange Zeit in Wolfsburg. Nach einem Auslandsaufenthalt in Mexiko leben Sie heute mit ihrer elfjährigen Tochter in Ingolstadt. Sebastian Willmann wurde 1975 geboren und arbeitet in leitender Position eines Automobilkonzerns. Seine Frau Sina Willmann wurde 1979 geboren und arbeitet als selbstständige PREMIUM PERSONAL TRAINERIN®.

Familie Schmid lebt in Süddeutschland. Alexandra arbeitet mit 33 Jahren als selbstständige PREMIUM PERSONAL TRAINERIN®. Ihr Ehemann Steffen ist angestellter Vertriebsleiter und 53 Jahre alt.

Familie Schröder lebt mit ihren beiden Kindern im Alter von vier und zwei Jahren in ländlicher Umgebung in Luxemburg. Beide sind Ende 30 und haben schon viele Jahre als PREMIUM PERSONAL TRAINER® unabhängig voneinander gearbeitet. Stefan ist Inhaber des gemeinsamen Unternehmens. Ina ist als Vollzeitkraft fest angestellt.

Timo Bartel: Welchen Herausforderungen und welchen Chancen steht eine Familie heute gegenüber, wenn mindestens einer von euch dem Beruf des Personal Trainers nachgeht?

Familie Willmann: Die größte Herausforderung sehen wir darin, die Arbeitszeiten des Personal Trainers mit dem Familienleben unter einen Hut zu bringen. Beliebte Trainingszeiten von Kunden sind frühe Morgenstunden oder der Abend. Beide Zeitpunkte sind klassische Familienzeiten. Auch wenn die Familie die frühen oder späten Zeiten des Personal Trainers zum Training akzeptiert, ist es doch immer eine gemeinsame Zeit, die verloren geht. Oft lässt sich diese verlorene Zeit nicht zu anderen Tageszeiten nachholen. Somit kommt es auf gute Absprachen an und diese müssen dann auch unter den Familienmitgliedern funktionieren.

Größte Chance für uns ist, dass Bewegung und Ernährung ein zentrales Thema in der Familie darstellen. Davon profitieren wir alle. Nur unsere Tochter findet es manchmal anstrengend. Wenn sie die Pausenverpflegung ihrer Klassenkameraden sieht, wünscht sie sich schon einmal, dass ihre Mutter besser nichts mit Ernährung zu tun hätte.

Familie Schmid: Wir sehen es als Chance, denn wir leben durch diesen Beruf gesundheitsbewusst.

Familie Schröder: Wir sehen die größte Herausforderung in den gängigen Arbeitszeiten, denen ein Personal Trainer mit aller Zeit, die das Geschäft zusätzlich neben den Kundenterminen benötigt, aufzuwenden hat. Es gilt ja immer auch die Termine mit Kunden vor- und nachzubereiten, E-Mails zu beantworten, Projekte zu begleiten und sich mit Klienten und Kollegen auszutauschen. Je nachdem, in welcher Phase sich ein PT-Unternehmen befindet, können die persönlichen und unternehmerischen Prioritäten ganz schön kollidieren. Die Flexibilität unseres Berufs ist aber neben der Herausforderung wegen kurzfristiger Terminverschiebungen und der finanziellen Verantwortung auch eine Chance. Der Personal Trainer kann sich seine Einsätze mit seinen Klienten so legen, wie es in den Familienalltag passt. Dadurch bekommt man die Chance, einen großen Teil des Familienlebens freier zu gestalten und den eigenen Vorstellungen anzupassen.

Die Arbeit mit Menschen prägt einen PT sicher auch im privaten Umfeld und Kinder lernen früh, dass man seine Arbeit auch mögen darf. Unsere Kinder leben und erleben damit unsere wichtigsten Familienwerte: Freiheit, Freude am Beruf, Gesundheit und die Wertschätzung des Menschen.

Timo Bartel: Welche Rolle spielt für euch die finanzielle Sicherheit beziehungsweise Unsicherheit, die sich aus der selbstständigen Tätigkeit für die Familie ergibt?

Familie Schmid: Es gibt uns viel Sicherheit zu wissen, dass einer von uns im Angestelltenverhältnis ein festes und regelmäßiges Einkommen hat. Damit können wir Ausfälle durch Krankheit, Urlaub oder einen schlechten Monat finanziell wieder auffangen. Für den Fall der Fälle versuchen wir vorzusorgen.

Familie Schröder: Sicherheit ist für uns ein Thema und mit Aufkommen des Nachwuchs von größerer Bedeutung geworden. Wir denken viel voraus und thematisieren Pläne und Visionen. Im Zweifelsfall hätten wir einen Plan B, vor allem für den Fall, dass ich (Stefan) als aktueller Hauptverdiener ausfallen sollte. Aber es hängt wohl vom jeweiligen Sicherheitsbedürfnis ab.

Familie Willmann: Wenn ich (Sina) den finanziellen Rückhalt meiner Familie nicht hätte und zusätzlich die Verantwortung für Kinder, wären einige Nächte von mir sicherlich schlaflos. Die finanzielle Sicherheit ist für mich unglaublich wichtig, um eine hochwertige Arbeit abliefern zu können. Das Einkommen eines Personal Trainers kann schwanken und auch unsicher sein, da ist es schon gut, wenn einer von beiden ein sicheres Einkommen hat.

Timo Bartel: Wie kann ich meinen Partner auf seinem Weg unterstützen?

Familie Willmann: Während unserer Zeit in Mexiko hatten wir keine Großeltern, auf die wir zurückgreifen konnten, wie wir es aus Deutschland gewohnt waren. Wir mussten uns gegenseitig die Freiräume zugestehen, die jeder ohne die Familie zu verbringen wünschte oder auch für Fortbildungen und Dienstreisen haben musste. Wir sehen es als extrem wichtig an, dass die Familie sich gegenseitig darin unterstützt, gesund zu sein und zu bleiben. Dazu gehört die Akzeptanz individueller Schlafenszeiten genauso wie die Klärung, wer für die Familie kocht und wie alle Zeit für ausreichend Bewegung finden.

Familie Schmid: Wir unterstützen uns mit viel Verständnis und dem Bewusstsein, dass sich jeder in seiner Art frei entfalten kann, aber den anderen immer an seiner Seite weiß. Wir zeigen uns auf, was wir bereits alles geleistet und geschafft haben.

Familie Schröder: In unserem Fall darf ich (Stefan) weitgehend meine Zeit planen. Ina kümmert sich zur Zeit um den größeren Teil der Arbeit mit den Kindern und unserer Lebensorganisation. Das ist eine große und letztlich auch notwendige Hilfe. Ich könnte sonst niemals so arbeiten, wie ich es tue. Wichtig sind auch Verständnis und Interesse an dem, was ich beruflich erlebe. Da wir beide den Beruf genau kennen, bekomme ich dadurch eine größere Möglichkeit der Reflexion. Schließlich hilft meine Familie mir sehr, Grenzen zu ziehen und einzuhalten. Jeder Personal Trainer benötigt aus meiner Sicht diese Fähigkeit früher oder später. Für all das trage ich die Verantwortung als derzeitiger Hauptverdiener für meine Familie.

Ich (Ina) gebe Stefan Feedback, Anregungen und klare Stellungnahme oder einfach ein offenes Ohr. Er kann seine Aufgaben frei einteilen. Dafür unterstützt er mich mit Verständnis, Liebe und Fürsorge. Manchmal auch mit dem Geld, welches er verdient.

Timo Bartel: Welche Voraussetzungen braucht es eurer Meinung nach, um eine „starke" Familie gemeinsam zu gestalten?

Familie Schröder: Die Werte aller Familienmitglieder sollten geklärt und berücksichtigt sein – mit Respekt und Liebe die Bedürfnisse jedes einzelnen gesehen und sich derer angenommen werden. Klare Kommunikation und bei Bedarf gemeinsam über Lösungen zu diskutieren. Die Familie sollte als Rückhalt begriffen und ihr so viel Zeit wie möglich zugestanden werden. Jede Konstellation in jeder Tätigkeit birgt die Herausforderung der Balance zwischen beruflicher und privater Situation. Und da dürfte ein Personal Trainer deutlich mehr Freiheiten haben als viele andere. Auch und gerade als Personal Trainer sollte man lernen, Hilfe und Unterstützung anzunehmen oder sogar einzufordern. Und dann braucht es eigentlich nur noch – Liebe.

Familie Willmann: Beide müssen eine Vision von ihrer beruflichen Zukunft haben. Verständnis für den anderen, zurückstecken mit eigenen Interessen und dennoch beide Interessen berücksichtigen. Jeder übernimmt Verantwortung in der Familie.

Familie Schmid: Egal, in welchem Beruf man sich befindet, sollten Ängste oder Druck ehrlich besprochen werden, um gemeinsam die Herausforderungen zu meistern. Wichtig sind Verständnis für einander, Vertrauen und Zeit für Gemeinsamkeiten. Sich auch einmal zurückzunehmen und Probleme offen und ehrlich ansprechen können hilft, Herausforderungen gemeinsam zu meistern.

Dieser Ausschnitt eines Interviews sollte Sie dafür sensibel machen, dass Familie ein starker Fels in der Brandung sein kann, aber auch gepflegt werden muss. Werden Sie sich Ihrer Rolle als Teil der Familienbande bewusst und nehmen Sie sich die Zeit, die eigene Familie einmal zu definieren.

Familie ist ein Raum, in dem jedes Mitglied so viel wie möglich von dem bekommt, was es für die bestmögliche Qualität seines Lebens braucht!

Meine Gedanken:

Reflexion:
1. Wen definiere ich als meine Familie?
2. Welchen Herausforderungen und welchen Chancen steht meine Familie heute gegenüber?
3. Wie unterstütze ich meine Familie und welche Rolle nehme ich ein?
4. Welche Voraussetzungen braucht es meiner Ansicht nach, um eine „starke" Familie gemeinsam zu gestalten? Welche Meinung hat meine Familie dazu?

neos-award.com

Gewinne den NEOS AWARD

Der "NEOS AWARD" ist die wertvollste Auszeichnung für Personal Trainer. Er wird alle zwei Jahre durch eine hochkarätige Jury in den folgenden Kategorien vergeben.

- **PERSONAL TRAINER DES JAHRES (M/W)**
- **PERSONAL TRAINER INTERNATIONAL**
- **PERSONAL TRAINER NEWCOMER**
- **NACHHALTIGKEIT & GESELLSCHAFTLICHES ENGAGEMENT**
- **PRODUKT DES JAHRES**

Wer kann sich bewerben?
Personal Trainer bewerben sich mit einer herausragenden Leistung, einem erfolgreichen Projekt oder innovativen Konzept für den NEOS AWARD. Aber auch Klient(in), Geschäftspartner(in), Kollege oder Kollegin können einen Personal Trainer oder ein Unternehmen für den NEOS AWARD vorschlagen.

Preisverleihung und Party
Die Preisträger werden im Rahmen der Personal Trainer Conference (www.personal-trainer-conference.com) ausgezeichnet.

Weitere Informationen
Ablauf, Bewerbungstermin und Jury finden Sie unter: www.neos-award.com.

Veranstalter:

Kapitel 5

DIE KUNST ZWISCHEN NÄHE UND DISTANZ

Ken Niestolik

Als Personal Trainer begleiten Sie Menschen auf dem Weg zu ihren persönlichen Zielen und Wünschen. Und das auf Ihre ganz persönliche Art und Weise. Schon beim ersten Kontakt werden die Weichen für eine erfolgreiche Zusammenarbeit gestellt. Stimmt die Chemie zwischen Trainer und Klient, kann daraus ein besonderes Band entstehen. Der Grundstein für erfolgreiche Veränderungen und gemeinsame Erfahrungen wird gelegt und darüber hinaus können Freundschaften entstehen. Für eine intensive und erfolgreiche Zusammenarbeit ist die Nähe zum Klienten eine ebenso wichtige Voraussetzung wie der nötige Abstand. Doch wie können wir ein enges, vertrauensvolles Verhältnis zu unseren Klienten aufbauen? Welche Distanz braucht es, um handlungsfähig zu bleiben? Besteht überhaupt die Möglichkeit, sehr eng am Klienten zu sein, ohne sich selbst Energie zu rauben?

Zu Beginn möchte ich Sie einladen, diesen Absatz durchzulesen und anschließend für ein paar Minuten die Augen zu schließen, um in folgende Situation einzutauchen:

Sie begleiten seit mehreren Jahren einen Klienten und von Beginn ist die Zusammenarbeit sehr harmonisch und vertraut. Mit der Zeit sind Sie Personal Trainer, Coach und Vertrauensperson in einem geworden. Nicht nur Sie haben ein offenes Ohr für seine Ziele und Sorgen, sondern auch der Klient zeigt wahres Interesse an Ihnen und Ihren Vorhaben. Mittlerweile sind Sie fester Bestandteil in seinem Leben, Sie kennen seine Familie und es kommt regelmäßig vor, dass Sie als Gast auf Geburtstagen oder anderen Events eingeladen werden. In größerer Runde stellt man Sie bereits als Teil der Familie vor. Irgendwann werden Sie überraschend in den Urlaub eingeladen. Nicht mit dem Ziel, den

Urlaub aktiver zu gestalten oder besondere Themen zu bearbeiten. Sie werden eingeladen, um gemeinsam mit Ihrem Klienten zu entspannen und eine schöne Zeit zu verbringen.

Versuchen Sie sich eine solche oder ähnliche Situation in Ihrem Kontext vorzustellen und gehen Sie, am besten schriftlich, die folgenden Fragen durch. Nehmen Sie sich die Zeit und lassen dieses Szenario auf sich wirken.

- Was macht das mit Ihnen? Würde Ihnen eine solche Bindung zu Ihren Klienten gefallen? Wenn ja, warum?
- Haben Sie solche Klienten oder würden Sie gern solche Klienten haben? Warum?
- Welche Vorteile und Möglichkeiten ergeben sich daraus?
- Welche Risiken entstehen aus Ihrer Sicht bei einer derart „dichten" Betreuung?
- Gibt es für Sie einen goldenen Mittelweg?
- Wer profitiert von dieser engen Begleitung?
- Wie nah möchten Sie an Ihren Klienten arbeiten?

Wenn Sie die Fragen für sich selbst beantworten, bekommen Sie mit Sicherheit erste eigene Erfahrungen und Gedanken zu diesem Thema und können einen ersten Eindruck darüber erhalten, wie viel Nähe oder auch Distanz für Sie bei Ihrer Arbeit wichtig ist. Für mich und meine Arbeit als Personal Trainer ist ein enger und verbundener Kontakt zu den Klienten sehr wichtig und im weiteren Verlauf teile ich mit Ihnen meine Erfahrungen über die Kunst von Nähe und Distanz. Nutzen Sie dazu Ihre eigenen Erlebnisse und Gedanken, um kritisch zu bleiben. Finden Sie Ihren eigenen Weg und die Klarheit, wie Sie bei Ihrer Arbeit am Menschen mit Nähe und Distanz umgehen.

WIE BAUE ICH EIN INTENSIVES VERTRAUENSVERHÄLTNIS IM PERSONAL TRAINING AUF?

Für einen Personal Trainer ist Empathie eine essentielle Voraussetzung, um eine intensive Bindung zum (potentiellen) Klienten aufzubauen. Klienten wollen sich wohlfühlen und verstanden werden. Meist suchen sie (un-)bewusst nach einem Begleiter, der sich in ihre Lage hineinversetzen kann oder es schafft, die Welt aus ihrer Perspektive zu sehen. Oftmals sitzen Menschen vor uns, die bereits einen sehr großen

Schritt gewagt haben. Ihnen ist bewusst geworden, dass für eine Veränderung ein Experte, ein Begleiter, nötig ist. Sie suchen Unterstützung und kommen mit sehr persönlichen Themen, Schicksalen und Zielen zu uns. Empathisches Verhalten ist dabei der Schlüssel, den Menschen da abzuholen, wo er sich im Moment befindet. Auch wenn dies jetzt sehr platt erscheint, aber Empathie ist das Zauberwort.

Lassen wir dabei die klassischen sportwissenschaftlichen, diagnostischen Möglichkeiten in diesem Kontext außer Acht und halten den Fokus auf den empathischen Fähigkeiten. Fähigkeiten, die helfen, eine vertrauensvolle und langfristige Bindung aufzubauen. Klienten fühlen sich verstanden und wertgeschätzt, wenn Sie als Person die Bedürfnisse intuitiv erfassen können und unausgesprochene Fragen wahrnehmen. Hören Sie aktiv zu, beobachten Sie Ihr Gegenüber und fragen Sie aktiv nach. Je nachdem wie ausgeprägt Ihr eigenes empathisches Vermögen ist, kann es gelingen, bestimmte Reaktionen oder aufkommende Gefühle sehr gut zu spüren. Darüber hinaus ist es möglich, diese Gefühle auch noch transparent zu machen. Dabei sind nicht nur die richtigen Worte entscheidend, sondern auch der richtige Ton.

VON BEGINN AN EIN WERTBESTÄNDIGES FUNDAMENT AUFBAUEN

Um nicht nur den richtigen Ton zu treffen, bedarf es einer gewissen Klarheit. Klarheit über seine eigenen Empfindungen in diesem Moment. Auch unsere Gefühle und Bedürfnisse in der Situation sollten klar sein. Lassen Sie uns in folgende Situation eintauchen:

> *In wenigen Minuten steht eine Ausgangsdiagnostik mit Zielklärung für die Zusammenarbeit bevor. Bereits beim Erstkontakt haben Sie gespürt, dass die Chemie zwischen dem Interessenten und Ihnen stimmt. Auch die ersten Informationen des neuen Klienten haben Sie neugierig gemacht.*

Ähnliche Situationen sind uns Personal Trainern mit Sicherheit bekannt. Menschen kommen zu uns und wir spüren, dass bereits eine Bindung besteht. Der Mensch, der uns gegenübersitzt, fühlt sich wohl und wir spüren eine gewisse Leichtigkeit im Gespräch. Aus meiner Sicht wird in diesen Situationen die Basis für eine intensive und vertrauensvolle Zusammenarbeit gelegt. Wenn der Klient diese Leichtigkeit verspürt, dann offenbart er uns seine tiefsten Wünsche und Ziele. Teilweise kann es vorkommen, dass dieser Wunsch ihn bereits sehr einnimmt und stark beschäftigt. Allerdings stellt dieser Wunsch in unserem Kontext und Alltag eine Kleinigkeit dar. Auch diese Situationen kennen wir in unserer Arbeit. Aus meiner Erfahrung heraus kommt es genau in diesen Situationen darauf an, wertschätzend zu handeln. Wertschätzend dem Klienten gegenüber und natürlich gegenüber sich selbst. Daher ist eine sehr wichtige und vielleicht sogar die wichtigste Grundeinstellung die, den anderen als Person, seine Bedürfnisse, Wünsche und Sorgen anzuerkennen und zu respektieren. Damit dies möglich ist, bin ich davon überzeugt, müssen wir uns als Personal Trainer unserer Stimmung, unseren Gefühlen und Gedanken bewusst sein. Nur dann schaffen wir es, unserem Klienten zuzuhören und etwas zurückzugeben. Wenn wir uns im Klaren darüber sind, wie wir uns in diesem Moment fühlen, dann haben wir auch die Chance, wertfrei und ohne Vorurteile eine Bindung aufzubauen. Weiterhin sind wir dann auch in der Lage, die volle Aufmerksamkeit der Person zu widmen, die uns gegenübersitzt. Wir schaffen es, die Lage, die Stimmung und die Lebensumstände ohne eigene Ansichten und Wertvorstellungen aufzunehmen. Dies kann einige Zeit in Anspruch nehmen. Schaffen Sie den nötigen Rahmen, damit Ihr Klient sein Anliegen vollständig zum Ausdruck bringen kann. Wenn er nicht alle seine Gefühle und Bedürfnisse zum Ausdruck bringen kann, lassen Sie mit hoher Wahrscheinlichkeit einige unzufriedene Gefühle zurück und der erste sympathische Eindruck beginnt zu schwinden.

Versuchen Sie bei den nächsten Gesprächen mit Interessenten oder Klienten sich selbst bewusst wahrzunehmen oder steigen Sie in Ihre eigenen Erfahrungen ein. Ich bin davon überzeugt, dass Sie und Ihre Bindung zum Klienten dadurch eine andere Wertigkeit bekommen kann.

· Wie fühlen Sie sich im Moment des Gesprächs?
· Was macht Ihr Gegenüber so interessant für Sie?
· Erkennen Sie Gemeinsamkeiten mit Ihrem Klienten?
· Waren Sie in den Gesprächen neutral eingestellt oder haben Sie Vorurteile?
· Welche Rolle haben Sie in dem Termin eingenommen?
· Haben Sie das Gespräch (un-) bewusst auf ein bestimmtes Thema gelenkt?

DAS VERTRAUENSVOLLE BAND FESTIGEN

Für mich ist ein vertrautes und enges Verhältnis zu meinen Klienten sehr wichtig. Dann kann ich meine Stärken in der Arbeit mit meinen Klienten voll einsetzen. Um diese Stärken effizient zu nutzen, dem Klienten mit Neugier zu begegnen und ihm die volle Aufmerksamkeit entgegenzubringen, sollten wir uns im Vorfeld auch unserer eigenen Situation bewusst sein. Gehen wir dazu in unserem Beispiel weiter und schauen, welche Hürden auf uns im Alltag zukommen können:

> *Die Ziele sind geklärt und der Klient möchte schnellstmöglich die Zusammenarbeit beginnen. Die ersten zeitnahen Termine wurden vergeben. Nun steht der erste Termin nach dem Check-Up an. Doch die letzten Tage waren für Sie sehr intensiv und haben Ihnen viel Mühe abverlangt. Sie spüren eine innere Unruhe und sind zeitweilig unkonzentriert. Ihnen gehen viele Gedanken durch den Kopf und der Tagesplan ist ausgelastet. Die vorherigen Termine haben Ihnen mehr Kraft als erwartet abverlangt. Trotzdem geben Sie alles, damit sich der Klient bestens betreut fühlt.*

Das wird von vielen der Alltag sein. Teilweise hetzen wir von einem Termin in der nächsten und dazwischen nehmen wir uns wenig Zeit, unserer eigenen Stimmung oder Energie bewusst zu werden. Mit Sicherheit kennen Sie diese Situation und haben Ihre Erfahrungen damit. In diesen Phasen erwischen Sie sich dabei, dass Ihnen während der Gespräche immer wieder andere Gedanken durch den Kopf schleichen. Ihre Aufmerksamkeit ist nicht voll bei Ihrem Klienten. Vielleicht bauen Sie sogar schneller Vorurteile auf, oder die Sorgen des Gegenübers beschäftigen Sie mehr als es Ihnen lieb wäre. Diese Konstellationen begegnen uns regelmäßig. Und jetzt sollen wir es schaffen, trotzdem volle Aufmerksamkeit, Neutralität und Energie in unseren Klienten zu stecken, um das Vertrauensverhältnis zu stärken. Das klingt nach einem spannenden Projekt.

Es wird nicht immer gelingen, diesen Spagat zu leisten, doch machen Sie sich Ihrer eigenen Situation bewusst. Je mehr Sie über Ihre eigenen Emotionen und Bedürfnisse wissen, desto besser können Sie mit Ihrem Klienten arbeiten. Werden Sie sich Ihrer Stärken bewusst. Und das Bewusstsein dieser Stärken sollte bereits vor dem Termin beginnen. Bringen Sie sich in einen guten Zustand, damit Sie das Gespür für Ihren Klienten als Individuum bekommen – für das was ihn bewegt, ihn interessiert und neue Erfahrungen ermöglicht. Genau das ist es, was es bedeutet, den Klienten abzuholen. Dabei kann es auch sinnvoll sein, bereits beim Ankommen des Klienten zu spüren, wie es ihm im Moment geht. Was verrät uns sein Gesichtsausdruck über seine heutige Stimmungslage? Was könnte er brauchen, um sich wohl zu fühlen und mit einem guten Gefühl nach dem Training zu gehen? Gibt es im Moment Themen, die mehr Raum benötigen? Alles das sind Dinge, auf die wir als Wegbegleiter achten können und die dem Klienten das Gefühl geben, sich verstanden und wohl zu fühlen. Alles das gelingt Ihnen mit Sicherheit nur, wenn Sie die nötige Aufmerksamkeit und die Neugier für Ihren Klienten aufbringen. Je besser Sie sich mit sich Selbst auseinandersetzen, desto besser können Sie eine Bindung zum Gegenüber aufbauen. Sind wir uns klar, dann schaffen wir es, uns unserer Stärken bewusst zu werden und diese vollkommen zu nutzen. Dadurch schaffen wir es, das Band zwischen Personal Trainer und Klient nicht nur aus klassischer wirtschaftlicher Sicht zu verbinden, sondern auch auf eine Art und Weise, die viel mehr als das ist – das Beste für Körper, Geist und Seele.

Diese intensive Zusammenarbeit ist für einen Personal Trainer allein nur für eine begrenzte Anzahl an Klienten zu leisten. Werden Sie sich über die erforderliche Unternehmensstruktur, die Möglichkeit oder Notwendigkeit einer persönlichen Assistenz und auch dem erforderlichen Leistungspensum bewusst.

PERSONAL TRAINER UND FREUND – EINE INTENSIVE BINDUNG ALS EINZIGARTIGE MÖGLICHKEIT ODER VERHÄNGNISVOLLES RISIKO

Es gibt einige Trainer in meinem Umfeld, die sich sehr stark mit der Persönlichkeit und dem Wesen ihrer Klienten auseinandersetzen. Wenn es uns gelingt, ein solch intensives Band in unserer Zusammenarbeit zu knüpfen, dann können wir sicherlich davon ausgehen, dass wir gut mit Menschen umgehen können. Wir haben wahrhaftiges Interesse, ein ordentliches Gespür für Situationen und sind neugierig. Mit unseren Stärken und dieser einzigartigen sowie individuellen Dienstleistung schaffen wir Veränderungen, Erfahrungen und Bewusstsein, an die so mancher Klient nicht geglaubt hätte. Kommt es zu solchen einzigartigen Erlebnissen, kann das Verhältnis zwischen Trainer und Klient noch intensiver werden und auf eine weitere Ebene kommen. Dazu möchte ich Ihnen wieder ein kleines Bild zur Verfügung stellen:

Die ersten Ziele sind erreicht und die Zusammenarbeit ist immer noch sehr angenehm und leicht. Die Termine fallen Ihnen nicht schwer und es besteht eine gewisse Routine. Mit der Zeit haben Sie viele gemeinsame Interessen entdeckt und kennen mittlerweile die Familie gut. Gemeinsame Opernbesuche, Segeltörns oder Kochevents mit den Familien sind keine Seltenheit. Es liegt eine Spur von Dankbarkeit und Freundschaft in der Luft. Regelmäßig bekommen Sie Nachrichten auf Ihr Telefon und wollen ihn nicht vor den Kopf stoßen und versuchen diese zu beantworten. Zudem ist Ihnen bewusst, dass die einst primären Ziele derzeit nicht mehr im Fokus liegen. Aufgrund des sehr engen Vertrauensverhältnisses kommen regelmäßig neue Themen auf die Agenda. Er nutzt Ihre Möglichkeiten, um diese aufkommenden Stolpersteine zu bewältigen.

Tauchen Sie wieder in diese Situation ein und lassen Sie sie auf sich wirken. Dann machen Sie sich Gedanken zu den folgenden Fragen:

- Fühlen Sie sich mit diesem Verhältnis zu Ihrem Klienten wohl?
- Wann ist für Sie die Grenze erreicht und wie merken Sie es?
- Wie könnten Sie in einem solchen engen Verhältnis positiv Veränderung bewirken?
- Was könnte allerdings möglichen Veränderungen im Weg stehen?

Je detaillierter Sie die vorher gestellten Fragen beantworten können, umso mehr Klarheit erhalten Sie für Ihren individuellen Weg in der Zusammenarbeit mit Ihren Klienten.

WANN WIRD ES ZUM RISIKO?

Unabhängig von den Fragen sind (mir) zwei wesentliche Punkte in diesem Zusammenhang sehr wichtig und diese sollte jeder für sich genau prüfen. Je dichter wir an unseren Klienten dran sind, desto mehr Informationen bekommen wir von ihrem Leben, ihrem Alltag und sogar von ihrer Familie mit allen Facetten, die dazu gehören. Teilweise bekommen wir indirekt einen Status als Personal Trainer zugesprochen, der einem Anwalt, Arzt oder Psychologen gleichzusetzen ist. Teilweise werden wir auch auf einen höheren Stand gehoben.

Unsere Klienten vertrauen uns. Sie vertrauen uns Emotionen und Dinge an, die vielleicht kein Zweiter kennt. Wir unterliegen grob gesehen keiner klassischen Schweigepflicht, und doch gehört sie zu einer vertrauensvollen Zusammenarbeit hinzu. Ich gehe davon aus, dass es zu unserem professionellen Ethos gehört, in diesem Bezug Diskretion zu wahren. Jeder, der in dieser Weise mit und am Menschen arbeitet, sollte dies als selbstverständlich ansehen. Doch der Gedanke, der daraus entsteht – Sind wir uns dieser Verantwortung überhaupt bewusst? Was machen diese Informationen mit uns und unserer Zusammenarbeit? Schaffen wir es, bewusst eine Grenze zu ziehen? Und genau hier kommen wir zu (m)einem zweiten Punkt, der entscheidet, wann die Zusammenarbeit ein bestimmtes Niveau an Nähe erreicht. Verantwortung. Ist Ihnen in der Zeit der Betreuung bewusst, wer die Verantwortung trägt? Verantwortung für den Erfolg? Verantwortung für die Gestaltung der Zusammenarbeit? Verantwortung für sich selbst? Denn hieraus kann eine große Gefahr entstehen. An dem Punkt, an dem die Grenzen verschwimmen und die Frage nach der Verantwortung nicht mehr klar geregelt ist, wird es ein Risiko. Die Grenze zwischen Beruflichem und Privatem lässt sich kaum noch trennen. Wo fängt Privat an und wo hört Beruf auf? Dazu gibt es eine Vielzahl von Ratgebern, wie sich Privatleben und Beruf verbinden lässt. Doch auch wir als Personal Trainer können uns mit der fehlenden Distanz zum Klienten in eine Sackgasse manövrieren. Wenn die Rollen und die Verantwortung nicht klar dargestellt sind, fällt es dem stark empathischen Trainer schwer, verantwortungsvoll eine harmonische Mischung zu finden. Darüber hinaus ist auch jede Persönlichkeit unterschiedlich, so dass die zentralen Fragen in dem Zusammenhang essentiell sind:

· Wie viel Verantwortung sind Sie bereit zu übernehmen?
· Woran erkennen Sie, dass Sie mehr Verantwortung übernehmen als Sie es sich wünschen?
· Wer ist verantwortlich dafür, dass der Klient sein(e) Ziel(e) erreicht?
· Welche Rolle trage ich als Personal Trainer in diesem Prozess?
· Was erwarten Sie von Ihrem Klienten? Was erwartet der Klient von sich selbst?

Wenn Sie diese Fragen klar beantworten können, achtsam im Umgang mit den Klienten sind und Ihre Grenzen auch offen kommunizieren, dann haben Sie einen großen Schritt in eine vertrauensvolle und langfristige Bindung getan.

Speziell empathische Menschen neigen dazu, Mitgefühl und Mitleid schnell als identisch anzusehen. Sicherlich sind dies auch Bestandteile empathischen Verhaltens, doch speziell Mitleid ist und sollte das Gefühl von Ihrem Klienten bleiben. Bewahren Sie ihre Grenzen und machen Sie sich die Situationen und Bedürfnisse Ihrer Klienten nicht zu eigen. Sobald Sie Mitleid empfinden, fehlt Ihnen die nötige Distanz, um klare Entscheidungen treffen zu können. Sie haben sich vereinnahmen lassen und wirken nun nur noch im Umfeld des Klienten. So schaffen Sie keine neue Perspektive und Veränderung, sondern verbrauchen viel Energie. Dabei können Sie in solchen Situationen an einen Punkt kommen, an dem Sie die gemeinsame Zusammenarbeit beenden sollten. Oder Ihre Kompetenzen werden überstiegen und es braucht jetzt in diesem Moment einen anderen beziehungsweise weiteren Experten. Sind Sie sich dieser Gefahren bewusst und haben Ihren Verantwortungsradius für sich geklärt und auch dem Gegenüber kommuniziert, entstehen neue Chancen, die durch eine ganz andere Art von Betreuungsverhältnis gekennzeichnet sind.

NÄHE ALS CHANCE ZU NEUEN PERSPEKTIVEN

Sind Ihnen Ihre Grenzen bewusst und haben Sie ein vertrauensvolles und enges Band mit Ihrem Klienten, so sind Sie beide gemeinsame Weggefährten. Im Laufe des Beitrags sind immer wieder Vorteile von einem dichten Verhältnis dargestellt worden. Und es fällt leichter, mithilfe von empathischen Fähigkeiten eine tiefe Vertrauensbasis auszubauen. Sofern der Klient dafür bereit ist, Sie dicht an sich heranzulassen, können Sie einiges bewirken. Denn Sie bekommen deutlich mehr Informationen, mit denen Sie Ihre Dienstleistung verbessern können. Sie können auf einer ganz anderen Ebene Veränderungen erwirken. Sie können weitere Vertraute ins Boot holen und den Kurs gemeinsam bestimmen.

Sie begleiten Ihren Klienten nun bereits seit einigen Jahren und kennen ihn sehr genau. Sie haben mit der Zeit immer wieder die Ziele angepasst und erweitert, so dass es Ihnen möglich war, neue Perspektiven beim Klienten zu schaffen.

· Wo befinden wir uns aktuell (Weg, Plateau, Abweg, Ziel)?
· Wen braucht es heute beziehungsweise welche Rolle kann Ihrem Klienten in diesem Moment helfen (Trainer, Coach, Berater)?
· Wie viel Routine ist wichtig und wann hemmt diese den Prozess?
· Was könnte helfen, den Prozess zu verbessern?
· Gibt es neue Möglichkeiten in der Zusammenarbeit?

Dabei kann es helfen, seine Klienten und die Einheiten rückblickend zu betrachten, um daraus die Zusammenarbeit stetig auf dem höchsten Niveau zu halten. Ich pflege mit meinen Klienten, von denen einige nicht nur als Klienten betrachtet werden, einen herzlichen und wertschätzenden Umgang. Genau durch diese Position ließen sich definierte Ziele und Herausforderungen gemeinsam erreichen.

PERSÖNLICHE EINSCHÄTZUNG – GIBT ES DIE KUNST ZWISCHEN NÄHE UND DISTANZ?

Es spielt keine Rolle, ob es sich um geschäftliche oder private Bindungen handelt. Jede Form von Bindung ist durch eine Harmonie von Nähe und Distanz charakterisiert. Wir werden mit Klienten zu tun haben, deren Verhältnis von Nähe oder Distanz geprägt ist. Je nach Persönlichkeit und Konzeption ist es eine Arbeitsbeziehung, die je nach Trainer mit einer bestimmten Nähe beziehungsweise Distanz gestaltet werden kann, um eine professionelle und individuelle Dienstleistung anzubieten. Wichtig dabei ist zu erkennen, welche Fähigkeiten wir als Stärken und Ressourcen in unsere Arbeit am Menschen einfließen lassen wollen und können und welche Grenzen wir ziehen müssen, um uns selbst nicht zu verlieren. Es wird immer ein Spannungsfeld zwischen persönlicher Nähe und zu wahrender Distanz im Personal Training geben. Wer es in diesem Zusammenhang schafft, seine eigenen Grenzen zu definieren und zu vertreten, wird in schwierigen Situationen handlungsfähig bleiben und die Kunst von Nähe und Distanz beherrschen!

Meine Gedanken:

Reflexion:
1. Was bedeutet Nähe und was bedeutet Distanz für mich?
2. Gibt es dabei Unterschiede zwischen Personengruppen und Personen für mich?
3. Gibt es Zeiten und Situationen, in denen Nähe und Distanz für mich verschwimmen?
4. Wie äußere ich Nähe und Distanz meinem jeweiligen Umfeld gegenüber?

MOTIVATION AUF DISTANZ

Timo Bartel
Interview mit Felix Klemme

Sensibilisiert zu sein für den schmalen Grat zwischen Nähe und Distanz, wie im vorherigen Kapitel beschrieben, ist ein wichtiger Aspekt in Bezug auf unsere Klientenbetreuung. Aber nehmen wir einmal den Idealfall: Ihr Unternehmen wächst. Sie erhalten immer mehr Anfragen und möchten Ihr Angebot vielleicht auch ergänzen. Dann sind Sie sehr schnell damit konfrontiert, dass Ihr Tag nur 24 Stunden hat. Sie werden sich früher oder später mit dem Thema Mitarbeiter in der eigenen Personal-Training-Firma auseinandersetzen müssen. Wenn Ihre Firma weiter wachsen soll und Sie sich für Mitarbeiter entscheiden, dann vollziehen Sie damit einen Schritt vom Selbstständigen zum Unternehmer. Sie beginnen Verantwortung für bestimmte Aufgaben wie Akquise, Marketing, Kommunikation und Organisation und vor allem die praktische Betreuung Ihrer Klienten abzugeben. Sie werden im Gegenzug die Verantwortung der Mitarbeiterführung erhalten. Aus der Erfahrung heraus sind die meisten Personal Trainer mit Ängsten und Befürchtungen konfrontiert. Damit, dass die Kunden nicht mehr „richtig" betreut werden, der Mitarbeiter die eigene Philosophie nicht übernimmt oder der Klient womöglich viel lieber mit dem Mitarbeiter trainiert und möglicherweise abgeworben wird. Das geschieht ganz unabhängig davon, ob wir über eine Festanstellung oder ein Freelancing für unser Unternehmen nachdenken. Die Befürchtungen bleiben die gleichen. Schließlich geht es um Ihren Namen, Ihre Existenz und das, was Sie sich aufgebaut haben.

Felix Klemme wurde durch die RTL 2-Sendung „Extrem schwer" über Nacht zu einem der gefragtesten Personal Trainer im deutschsprachigen Raum. Vor Beginn der Sendung arbeitete er als klassischer Personal Trainer in Bonn und unterhielt sein Gruppen-Konzept „Outdoor Gym" an einigen Standorten in der Region. Die damalige Flut an Anfragen brach nach der ersten Sendung herein.

Timo Bartel: Felix, du hast damals innerhalb weniger Stunden über 5000 E-Mails bekommen. Wie bist du damit umgegangen?

Felix Klemme: Ich hatte damals bereits im Vorfeld einen Berater aus der Medienbranche, der mich beraten und vorbereitet hat. Was da genau kommt, weißt Du nie und deshalb war es wichtig, vorab neue und andere Strukturen aufzubauen. Ich benötigte eine Assistenz, die mir half, alle eingehenden Nachrichten, die zum Teil ja weit über einfache Preisanfragen für ein Training hinausgingen, zu beantworten. Darüber hinaus kamen ja noch viele weitere Termine mit den Medien dazu. Es war damals anfangs sehr chaotisch und hat sicherlich auch nicht immer alles gut funktioniert.

Timo Bartel: Wie hast du es geschafft, den Überblick zu behalten?

Felix Klemme: Anfangs hatte ich eine Person eingestellt, die sich um die Organisation meines Personals kümmern sollte, aber das hat leider nicht gut funktioniert. Ich habe sehr viel Zeit und Energie investieren müssen, um die Organisation und Führung des Personals, welches eigentlich von eben dieser neu eingestellten Person übernommen werden sollte, nun immer noch zu überprüfen und oft entstandene Unruhe oder Hektik im Team aufzulösen. Rückblickend weiß ich, dass ich mit dieser Personalentscheidung in dieser Führungsposition einen Fehler gemacht habe. Aber jeder Fehler, den man als Unternehmer macht, ist ein elementar wichtiger Bestandteil um zu lernen, besser und erfolgreich zu werden.

Timo Bartel: Wie viele Mitarbeiter hat dein Unternehmen heute?

Felix Klemme: Heute zählen rund 70 freiberufliche Trainer und sechs Mitarbeiter im Büro zu uns. Wir führen nun nach und nach einige Führungspersönlichkeiten unserer Freiberufler in eine Festanstellung, da wir hier einen Mehrwert in Sachen gegenseitiger Loyalität erkennen. Ich sehe hier eine andere Form der Zusammenarbeit, die für beide Seiten eine Win-Win-Situation darstellt. Jeder spricht dem Anderen damit ein besonderes Vertrauen aus. Darüber hinaus entsteht eine tiefere Verbindung und ein klares Commitment für eine gemeinsame, langfristige Zukunft. So etwas entwickelt sich über Jahre und ist ein gemeinsamer Prozess. Vertrauen entsteht nur dadurch, dass man füreinander da ist, geduldig ist und der anderen Seite Fehler zugesteht. Nur so kann sich jeder weiter entwickeln. Viele machen den Fehler, entweder kein oder zu wenig Vertrauen zuzulassen oder auch nachtragend zu sein, wenn Fehler passiert sind. Diese Dinge bremsen den Entwicklungsprozess und damit auch immer grundlegend das Wachstum.

Timo Bartel: Du hast eingangs angesprochen, dass du einen Mitarbeiter für die Führung deines Personals eingestellt hattest und du enttäuscht wurdest. Wie bist du damit umgegangen?

Felix Klemme: Erst einmal hat es mich sehr beschäftigt und ich war enttäuscht von einem Menschen. Es hat mich sehr viel Kraft gekostet und die Unsicherheit im Team war zu spüren. Im Laufe des Prozesses hat sich die Situation von selbst gelöst, da der Mitarbeiter für sich entschieden hat, dass er andere Wege gehen will. Für mich war es insoweit eine schwierige Zeit, weil ich immer das Ziel verfolge, dass es allen Mitarbeitern im Team gut geht und sich jeder wohl fühlt. Das war leider über einen längeren Zeitraum nicht der Fall und ich hatte nicht den Mut, dieses Problem offen anzusprechen und zu lösen. Diese Erfahrung hat mich gelehrt, dass ich es seitdem nie mehr so weit habe kommen lassen, dass sich im Team eine Unzufriedenheit oder gar große Unsicherheit einstellt. Ohne diese Erfahrung wäre ich dann erst später zu dieser Erkenntnis gelangt, dass ein Kuschelkurs nicht funktionieren kann, wenn man als Führungskraft versucht, es immer allen Recht zu machen. Entscheidend ist, dass ich Probleme löse, indem ich sie offen anspreche und den Lösungsansatz umsetze. Dies erwarte ich auch von meinem Team, weil ich weiß, dass jeder in der Lage ist, Probleme selbstständig, spätestens aber im Team zu lösen. Heute habe ich die optimale Unterstützung an meiner Seite, die für mich das gesamte Tagesgeschäft und auch das Team leitet.

Timo Bartel: Da fällt mir das Risiko der „Stillen Post" ein – wenn am einen Ende etwas gesagt wird, kommt es nach mehreren Personen am anderen Ende ganz anders heraus.

Felix Klemme: Wenn ich A sage und B kommt an, muss ich zu allererst mich selbst fragen, was ich in meiner Kommunikation falsch gemacht habe, dass aus A ein B wurde. Dazu ist dann auch das Gespräch mit der Person nötig, die mich da missverstanden hat und warum. Wenn ich nicht das Gespräch suche, um herauszufinden, wo der Fehler lag, begehe ich einen fatalen Fehler für alle möglichen weiteren Schritte. Wir als Personal Trainer wissen, wie wichtig es ist, höflich zu sein. In unserer Arbeit beraten wir unsere Klienten, indem wir ehrlich und offen Probleme ansprechen, die wir bei ihnen erkennen. Dazu geben wir unseren Klienten Lösungsansätze. Im Optimalfall bringen wir unsere Klienten allerdings dazu, dass sie selbstständig Lösungen entwickeln, denn nur dadurch resultiert auch eigenverantwortliches und unabhängiges Handeln. Mit Mitarbeitern – ob freie oder feste – begehen wir oft den Fehler, dass wir glauben, sie von uns abhängig machen zu wollen/müssen. Aus der Angst heraus, sie sonst zu verlieren, oder aus der Angst heraus, dass sie uns Kunden „klauen". Wenn ich aber wachsen will, brauche ich Unterstützer. An dieser Stelle gibt es für mich persönlich das „Goldene Tor", durch das ich gehen muss, wenn ich wirklich wachsen will. Und auf diesem goldenen Tor steht ein magisches Wort: VERTRAUEN. Es ist wie in einer Liebesbeziehung: Wenn ich nicht vertraue, wird die Beziehung nie funktionieren. Natürlich ist die Liebes-Beziehung eine andere, als eine geschäftliche, aber weder die eine, noch die andere funktioniert, ohne dass man gemeinsam durch das „Goldene Tor" geht. Wer ehrlich miteinander ist, wird immer wissen, was der Andere für Bedürfnisse hat und was dem Anderen fehlt. Nur dann kann ich wirklich handeln und das tun, was den Anderen und damit auch mich persönlich unterstützt.

Wir müssen ehrlich miteinander kommunizieren, aber eben auch klar unseren Standpunkt vertreten. Dann haben auch unsere Mitarbeiter die Chance, aus der übertragenen Verantwortung etwas zu lernen und selbstständig Lösungen zu entwickeln. Und damit haben sie dann selbst auch wieder ihre Chance, selbstbestimmt und auch motiviert zu arbeiten.

Timo Bartel: Inwiefern spielt Angst eine Rolle? Schließlich kannst du nicht an allen Standorten von Outdoor Gym sein und jeden Mitarbeiter überwachen, damit er keine Kunden abwirbt.

Felix Klemme: Hierfür sind aus meiner Sicht zwei Dinge wichtig. Zum einen braucht es ein gewisses Kontrollinstrument im Sinne des gemeinsamen konstruktiven Austauschs mit dem Mitarbeiter. Zusammen können wir erkennen, wo Fehler passieren und wie wir diese in Zukunft lösen können. Ob es dabei um das Training eines Klienten oder um organisatorische Dinge geht, spielt keine Rolle. Zum anderen ist die Entwicklung tiefen Vertrauens nötig, wobei ich von Beginn an Vertrauen schenken „muss". Dies entwickelt sich und ist ein fortlaufender Prozess. Ich suche meine Mitarbeiter sehr gründlich aus, finde heraus, was sie tun, was ihre persönlichen Ziele und Visionen sind und lerne sie kennen. Wichtig ist mir dabei, dass sie diese Arbeit auch wirklich machen wollen.

Timo Bartel: Welche Kriterien sind deiner Erfahrung nach nötig, damit man in einem Personal-Training-Unternehmen als Team erfolgreich zusammenarbeitet?

Felix Klemme: Offenheit eines jeden Teammitglieds, Kritik anzunehmen und auch zu geben! Die Verantwortung in beide Richtungen zu übernehmen und sich dann über diese konstruktive Kritik auszutauschen. Immer mit der Akzeptanz der Sichtweise anderer. Dafür muss das Team eine gemeinsame Vision verfolgen, sonst geht es nicht.

Timo Bartel: Felix, ich danke dir für deine Zeit und Offenheit, ein wenig aus deiner Vita zu berichten.

Felix Klemme: Es ist schön, wenn ich über diesen Weg andere Personal Trainer erreichen kann, um diese darin zu unterstützen, neue Perspektiven zu entdecken und sich selbst immer wieder zu fragen: „Ist das, was ich tue, wirklich optimal? Wo kann ich mich weiterentwickeln? Wodurch? Mit wem? Wer kann mir auf meiner Reise eine Unterstützung sein und wem bin ich ein Unterstützer?" Entscheidend ist zu erkennen, dass wir umso mehr bewegen können, wenn wir gemeinsam mit anderen kooperieren. Zwei Köpfe bewegen nicht doppelt so viel, sondern ein Vielfaches mehr! Schließlich haben wir nicht nur einen Gedanken, aus dem wir dann zu zweit nur zwei Gedanken schaffen...!

Interessant in meinem Gespräch mit Felix zum Thema Mitarbeiterführung war die Tatsache, dass die fachlichen Qualifikationen und Fortbildungen eines Mitarbeiters für das Team vorausgesetzt wurden. Viel wichtiger war die Persönlichkeit. Damit gemeint ist aber nicht nur, ob der Mitarbeiter nett ist und sympathisch erscheint, sondern auch den Willen hat, selbstständig und eigenverantwortlich handeln zu wollen. Kritik anzunehmen und konstruktiv zu verarbeiten. Seinen Standpunkt mit ehrlichen Worten zu vertreten und andere Sichtweisen zu akzeptieren. Diese Tatsachen decken sich auch mit Aussagen meiner Klienten, die Mitarbeiterführung in ihren Unternehmen betreiben.

Sicher spielen für unseren Beruf auch besondere Gesetzmäßigkeiten eine Rolle. Ein Mitarbeiter wird sich irgendwann die Frage stellen, weshalb er Abschläge in Kauf nehmen soll. Ein Mitarbeiter könnte jederzeit die Klienten auch ohne uns betreuen. Als Angestellter würde er finanziell mehr verdienen. Als Freiberufler bräuchte er ebenfalls nichts von seinem Honorar abzugeben und würde sein Einkommen steigern. Immer vorausgesetzt, er ist unternehmerisch fähig und bereit große Risiken einzugehen! Als Konsequenz daraus muss ich mir als Inhaber somit auch Gedanken über Beschäftigungsmodelle und Anreize für eine loyale Zusammenarbeit machen.

Welches Modell für Sie in Frage kommt, kann nicht pauschal beantwortet werden. Möglichkeiten gibt es viele und sie sind auch abhängig von anderen Faktoren. Hier eine kleine Auswahl an Modellen, die wohlüberlegt geprüft werden sollten:

Festanstellung	Freiberufler	Gleichberechtigung
Festes Gehalt	Mit festem Prozentsatz	GmbH, etc …
Provision auf Produkte, Neukunden, Betreuungszeiten, …	Provision auf Produkte, Eigenverantwortlichkeit und Mitgestaltung des Unternehmens	
Staffelung nach Zugehörigkeit zum Unternehmen, …	Staffelung nach Erfahrung und Fähigkeiten, …	

Die obigen Anregungen gelten für beide Seiten. Als Inhaber frage ich mich, welches Modell für mich langfristig sinnvoll und tragfähig erscheint. Als Arbeitnehmer, der vor der Entscheidung steht, in ein vorgeschlagenes Modell einzusteigen, frage ich mich, welche Perspektiven mich erwarten und welche Vorstellungen ich habe. Die wohlüberlegte Verteilung der Aufgaben und Grenzen einzelner Tätigkeiten ist wichtig. Beide Seiten sollten sich guten Gewissens auf klare Aufgabengebiete verständigen. Dafür sind die oben aufgeführten Aspekte der Persönlichkeit so immens wichtig. Denn dieser Kommunikationsprozess sollte sich fortsetzen. Er hört erst dann auf und wird im schlimmsten Falle von Juristen übernommen, wenn beide Parteien nicht mehr miteinander können.

Wenn diese Aspekte so wichtig sind, ganz unabhängig davon, ob wir Inhaber oder Mitarbeiter sind, sollten wir dann nicht lieber unsere Fortbildungsschwerpunkte nach anderen Kriterien auswählen? Uns selbst besser kennenlernen, herausbekommen, wie wir auf unsere Empathie zugreifen können, erfahren wie wir auf andere Menschen wirken und Kommunikation wertschätzend und konstruktiv gestalten? Ein „Power-Pilates-Seminar" oder eine weitere „Deep-Squat-Education" sind hier vielleicht nicht so zieldienlich.

Meine Gedanken:

Reflexion:
1. Was erwarte ich von mir, meinen Mitarbeitern, dem Personal-Training-Unternehmen, in dem ich beschäftigt bin?
2. Welches Modell passt zu mir und/oder meinem Unternehmen? Was wäre ein Wunschmodell, das es vielleicht noch nicht gibt?
3. Wie nehmen mich andere Menschen wahr?
4. Was tue ich für die Entwicklung meiner Persönlichkeit?
5. Lebe ich Loyalität gegenüber mir, meinen Mitarbeitern, dem Unternehmen, in dem ich arbeite? Wenn ja, wie?

BUSINESS COACHING ALS ERFOLGSMOTOR – SCHNELLER ERFOLGREICH SEIN

Eginhard Kieß

Seit 2013 arbeite ich neben meiner Tätigkeit als PREMIUM PERSONAL TRAINER® auch als Business Coach für Personal Training. Ich begleite und berate Personal Trainer auf ihrem Weg in die Selbstständigkeit beziehungsweise Kollegen, die nach zehn Jahren etwas verändern wollen und sich sinnvollerweise externen Rat suchen. Parallel dazu betreue ich Fitnessstudios, Hotels und Spa-Anlagen bei der Implementierung eines Personal Training Konzepts genauso wie Unternehmen, die ihren Führungskräften einen professionellen Personal Trainer zur Seite stellen wollen.

Durch meine Erfahrungen als einer der dienstältesten Personal Trainer im deutschsprachigen Raum schenken mir all diese Personen oder Unternehmen ihr Vertrauen und mein Ziel ist es, dass sie erfolgreich werden beziehungsweise bleiben.

Ob ich mir dadurch nicht meine eigene Konkurrenz aufbaue, werde ich immer wieder gefragt. Mitnichten. Ich bin tief davon überzeugt, dass es immer noch genügend potentielle Klienten in jeder Region in Deutschland gibt oder anders betrachtet, nicht genügend professionell arbeitende Personal Trainer. Daher schon mal vorweg: Sie brauchen keine übertriebene Angst vor dem Schritt in die Selbstständigkeit zu haben. Respekt dürfen Sie haben. Respekt ist wichtig, denn somit garantieren Sie sich selbst, mit Bedacht und Weitsicht Ihr Business als Personal Trainer zu planen oder nach langjähriger Tätigkeit einen Veränderungsprozess einzuleiten. Hinzu kommt Mut, eine der wichtigsten Eigenschaften erfolgreicher Unternehmer. Denn nur mutige Unternehmer werden die Nachhaltigkeit erzielen, die Sie sich wünschen, um z. B. langfristig Spaß als Personal Trainer zu haben, eine Familie davon zu ernähren, ihren Lebensabend verdient zu genießen oder sich den einen oder anderen Traum im Leben zu erfüllen.

WIE ALLES BEGANN...

Als ich mich 1997 als Personal Trainer selbstständig machte, hätte ich mir einen Business Coach oder Mentor gewünscht. Leider konnte ich damals niemanden fragen, denn es gab nur eine Handvoll Kollegen, die alle nicht voneinander wussten. Das Internet steckte quasi noch in den Kinderschuhen und meine Domain – www.personal-training.de – war schnell reserviert, denn es war quasi noch alles frei. Heute unvorstellbar. Die Medien in Deutschland wussten ebenso wenig, dass die Dienstleistung Personal Training nun auch in Deutschland Fuß fasste. Meine ersten Schritte mit Homepage, Visitenkarte, Flyer, Briefpapier und natürlich Logo waren in die Wege geleitet und ich wartete begehrlich auf den ersten Anruf eines potentiellen Klienten. Doch der blieb aus. Ein Jahr lang.

WARUM?

Weil ich so ziemlich alles falsch gemacht hatte, was möglich war. Die Konsequenz: Meine gesamten Ersparnisse waren nach wenigen Wochen aufgebraucht. Ich verdiente kein Geld. Ganz im Gegenteil, ich hatte Geld fehlinvestiert in Marketinginstrumente, die nichts brachten. Es war sehr ernüchternd und oft stellte ich mich in Frage. Zum Glück wusste ich tief in mir, dass ich ein sehr guter Personal Trainer sein kann. Mehr wusste ich leider nicht. Ich hatte weder meine Selbstständigkeit geplant, noch war ich darauf vorbereitet. Ich hatte nicht einmal die einfachsten Dinge wie beispielsweise eine konkrete Liquiditätsplanung oder das Schreiben eines schlüssigen Personal Training Konzepts erarbeitet. Und ich stellte mir nicht die richtigen Fragen.

Im Nachhinein betrachtet haben all diese schmerzhaften Erfahrungen einen großen Vorteil: Ich weiß heute, wie man, wie Sie es nicht machen sollten. Daher eine dringende Bitte an Sie: Machen Sie nicht dieselben Fehler wie ich. Die sind gemacht!

Und hier beginnt mein Business Coaching.

WAS IST BUSINESS COACHING ÜBERHAUPT?

„Ein Business Coaching ist eine prozessorientierte Beratungsform, in der schwerpunktmäßig berufliche Themen behandelt werden. Ziel dieser Form des Coachings ist grundsätzlich, Menschen in ihrer beruflichen Entwicklung zu begleiten, sie dabei zu unterstützen, ihre Stärken und Fähigkeiten zu erkennen und jene zu nutzen, um nachhaltig erfolgreich zu sein und die berufliche Tätigkeit als erfüllend zu erleben. Neben dem Begriff Business Coaching wird auch von Karriere Coaching und Berufs Coaching gesprochen...

Anders als ein Berater (Consultant) oder ein Trainer macht ein Business Coach seinem Kunden weder direkte Lösungsvorschläge noch vermittelt er Fachwissen oder bestimmte Fertigkeiten, sondern er begleitet ihn bei der Entwicklung eigener individueller und nachhaltiger Lösungen." (Quelle: Wikipedia, Oktober 2016)

Stellen Sie sich vor – oder vielleicht stehen Sie ja genau gerade an diesem Punkt – Sie sind Existenzgründer im Bereich Personal Training beziehungsweise sind seit Jahren ein „erfahrener Hase" und spüren, es ist Zeit für Veränderung.

AUSGANGSSITUATIONEN

Von wo starten Sie? Wo stehen Sie gerade? Was alles ist wichtig, um die richtigen Schritte zu gehen? Was ist wirklich wichtig? Welche Aufgaben haben eher B- oder gar C-Priorität? Diese und viele weitere Fragen beschäftigen Sie ggf. jetzt und wollen gelöst werden. Sie können sich nun wie so oft für zwei Wege entscheiden.

DIES IST EINE MÖGLICHKEIT

Sie legen los. Und das ist wichtig; ins TUN kommen. Unternehmen kommt letztendlich von unternehmen und nicht von unterlassen. Sie sammeln Ihre Erfahrungen selbst, lernen selbst und wiederholen vermutlich bereits gemachte Fehler. Selbsterfahrungen sind wichtig. Es ist jedoch unklug, Fehler zu wiederholen. Es kann sein, dass Sie Geld in Marketing oder Geräte investieren, die entweder nichts bringen beziehungsweise Sie mit Ihren Klienten nicht nutzen können, da weder Ihre Zielgruppe bekannt ist, noch Sie genau wissen, wofür Sie und Ihr Unternehmen stehen.

Blicken wir dann in die Zukunft oder Sie stehen genau heute da: Sie haben es geschafft. Mit viel Hartnäckigkeit und Ausdauer haben Sie sich ein gut funktionierendes Business als Personal Trainer aufgebaut und haben sich auch nicht von Rückschlägen demotivieren lassen. Seien Sie mit Recht stolz auf sich.

Sie kommen nun an den Punkt, dass Ihr „Bauch" sich meldet: Ich möchte etwas verändern. Es soll oder kann so nicht weitergehen. Nur was, das wissen Sie nicht so recht. Würden Sie Ihr „Bauchgefühl" ignorieren? Würden Sie trotzdem so weiter machen wie bisher oder ziellos herum probieren? Sicherlich nicht. Es wäre fahrlässig und wenig zielführend.

WIE SIEHT DIE ANDERE MÖGLICHKEIT AUS?

Sie machen genau das oben Beschriebene *nicht*, sondern das, was erfolgreiche Menschen tun. Sie engagieren einen Berater, einen Business Coach und idealerweise einen Mentor und paaren das mit Ihren eigenen Erfahrungen. Und genau hier komme ich ins Spiel. Timo Bartel bat mich: Eginhard, berichte bitte von deinen Erfahrungen als Business Coach.

Um es vorwegzunehmen: Es geht nicht darum, dass Sie mich nach dem Lesen dieses Beitrags engagieren. Wenn ja, freue ich mich natürlich darüber. Mir geht es darum, Ihnen anhand einzelner Themen den einzigartigen Vorteil aufzuzeigen, den ein Berater und Coach – und so verstehe ich mich, denn ich will nicht nur Coach sein – für Sie bringt. Und ob Sie mich oder einen anderen Kollegen für Ihre Beratung engagieren, ist dann Ihre Entscheidung. Meine Empfehlung verwundert Sie sicherlich nicht: Wenn ja, dann engagieren Sie einen Business Coach, der als Personal Trainer arbeitet und viele, viele Jahre Erfahrung hat.

Und nun möchte ich Sie gerne auf ein Stück gemeinsame Reise mitnehmen…

DIE VORTEILE EINES BUSINESS COACHINGS IM BEREICH PERSONAL TRAINING

Ich habe in den vergangenen zwei Jahren 33 Personal Trainer beraten dürfen, vom Existenzgründer bis zum erfahrenen Kollegen. Sie alle vereinte der Wunsch nach schnellerem Erfolg, klareren Zielen und Nachhaltigkeit für Ihr Unternehmen. Im Nachhinein befragt, waren es vor allem der sehr intensive Erfahrungsaustausch über unsere Dienstleistung Personal Training, Reflexion der eigenen Fähigkeiten und Fertigkeiten und die detaillierten Fragestellungen, die ihnen besonders geholfen haben.

Wann bekommen wir schon einmal ein direktes, ehrliches und qualifiziertes Feedback zu unserer Arbeit? Wer stellt mir die richtigen Fragen, wie z.B.:

- Wer gibt mir eine Rückmeldung zum Verkaufsgespräch?
- War das wirklich gut und vor allem überzeugend?
- Habe ich den potentiellen Klienten erreicht?
- Wie verhalte ich mich im Gespräch und wie kommuniziere ich?
- Wie nimmt der andere mich wahr?
- „Verkaufe" ich überhaupt das was ich will, beziehungsweise verkaufe ich „eigentlich" nur das was ich will?
- Habe ich wahrhaftig hingehört, was mir der Klient erzählt hat?
- Habe ich verstanden, warum er einen Personal Trainer sucht?
- Bin ich die Lösung seines Problems?
- Passt der Klient zu mir?
- Passe ich zu ihm?
- Entspricht mein Eingangs-Check-up meinem Angebot?
- Ist mein Konzept unverwechselbar oder beliebig vergleichbar mit dem anderer Dienstleister?
- Trete ich sicher und souverän auf?
- Was genau ist der Kern meiner Dienstleistung?
- Was macht mich einmalig?
- Wie ist meine ganz spezifische Positionierung?
- Wer ist meine Zielgruppe?

Dies ist nur eine kleine Auswahl der Fragen, die in meinen Coachings besprochen werden und im Fokus stehen. Meine Coachees erwarten von mir ehrliche Antworten und die bekommen sie auch. Auch wenn es manchmal unbequem ist und ggf. „weh" tut. Ich weiß: Nichts ist schlimmer, als für etwas zu brennen, um dann gesagt zu bekommen: Das funktioniert so nicht.

Stellen Sie sich vor, Sie entwickeln ein Logo, fotografieren Bilder für Ihre Website, benutzen eine bestimmte Farbe als Firmenfarbe und nach einer Marketing- und Markenberatung kommt heraus, dass die Bilderwelt nichts mit Ihrer Zielgruppe zu tun hat, die Farbe überhaupt nicht zu Ihrem Markenkern passt und das Logo völlig anders wahrgenommen wird. Dann haben Sie mit großer Sicherheit viel Zeit und Geld investiert, mit dem Ergebnis, alles wieder neu machen zu müssen. Glauben Sie mir, ich persönlich habe diese Erfahrung nicht nur einmal schmerzlich sammeln dürfen.

Ihr Coach hat die Aufgabe, Sie davor zu „beschützen", wenngleich er nicht verhindern kann, dass Sie selbst Fehler machen werden. Fehler gehören zum Business, zum Leben. Nur so können wir uns weiterentwickeln.

AHA-ERLEBNISSE IM BUSINESS COACHING

Meine Aufgabe als Business Coach ist es, auch unbequeme Fragen zu stellen. Dabei stelle ich immer wieder fest, wie sehr es mir damals geholfen hätte, wenn ich selbst diese Fragen gestellt bekommen hätte.

Zu Beginn geht es darum, wofür Sie als Personal Trainer stehen? Was sind Ihre Stärken? Was zeichnet Sie aus? Was macht Sie einzigartig? Und damit meine ich nicht nur Ihre fachlichen Kernkompetenzen? Sondern, was zeichnet Sie als Mensch im Besonderen aus? Wovon profitiert Ihr Klient am meisten, wenn er mit Ihnen zusammenarbeitet?

Sie haben sicherlich schon einmal vom „Elevator Pitch" gehört. Genau darum geht es, wenngleich Sie zu Beginn bei mir etwas mehr als 45 Sekunden Zeit haben. Was sagen Sie einem Menschen, dem Sie zufällig im Fahrstuhl begegnen und der Sie fragt: „Was machen Sie denn so?". Sie haben nun ca. 30 bis 45 Sekunden Zeit, das auf den Punkt zu bringen. Dann steigt diese Person aus ... und idealerweise so fasziniert, dass sie eine Visitenkarte von Ihnen in der Hand hält und sich verabschiedet mit den Worten: „Ich rufe Sie morgen an.".

Das ist eine der schwierigsten Aufgaben für uns als Unternehmer. Hilfreich an dieser Stelle für meine Coachees ist das „Reiss Profil", welches ich mit Ihnen erstelle. Als ausgebildeter Reiss Profil Master habe ich mich intensiv mit den 16 Lebensmotiven auseinandergesetzt, die uns auszeichnen und prägen. Sie sind verantwortlich dafür, ob wir glücklich sind und ein Leben in Zufriedenheit führen. Im Umkehrschluss wird die Frage gestellt, ob wir unsere Lebensmotive leben beziehungsweise leben können. Wie stark sind meine Ausprägungen beispielsweise in den Lebensmotiven „Macht", „Unabhängigkeit", „Beziehung", „Rache/Kampf" und „Emotionale Ruhe". Wie bekomme ich diese Ausprägungen in Einklang mit meinem Beruf als Personal Trainer und meinem sozialen Umfeld. Basierend auf diesen Ausprägungen – und sozusagen Ihren Stärken – erarbeiten wir gemeinsam eine wunderbare Basis für Ihre Positionierung.

Kennen wir diese, geht es an die zweite Basis Ihres Unternehmenskonzepts: Ihre Kernzielgruppe. Hier bedienen wir uns der EKS-Strategie – der Engpass konzentrierten Strategie. Sie ist ein Erfolgsprinzip und wurde von Wolfgang Mewes begründet. Die zentrale Frage ist der Nutzen, den Ihre Zielgruppe hat, wenn sie mit Ihnen zusammenarbeitet. Solange dies für Sie nicht klar ist, werden Sie leider nicht „alle PS auf die Straße bringen". Und gleichzeitig geht es darum, Ihre Zielgruppe so „eng", so klein wie möglich zu wählen.

Beispiel 1	Beispiel 2	Beispiel 3
· Männer und Frauen	· Frau	· Mann
· 35 bis 65 Jahre	· 45 bis 60 Jahre	· 65 Jahre und älter
· Übergewicht	· starker Leidensdruck durch die Wechseljahre	· Rentner
· Gelenkprobleme		· beginnende Unsicherheiten beim Gehen
· Bluthochdruck		
· wollen Ausdauer trainieren		· möchte fit und gesund bis ins hohe Alter bleiben
· suchen nach funktionellem Training		

Die Zielgruppe in Beispiel 1 wäre nicht optimal, weil Sie damit nahezu jeden erwachsenen Deutschen ansprechen. Besser wären z. B. Zielgruppen wie in Beispiel 2 oder 3.

Ich weiß, wie schwer es ist, dies für sich zu definieren. Durch gezielte Fragen bis ins kleinste Detail werden wir Ihre Zielgruppe erarbeiten. Hier zeigt sich der Vorteil, einen Coach und Berater an seiner Seite zu haben, der den Fokus immer wieder schärft. Ergebnis muss sein, dass genau Sie der perfekte Personal Trainer für diesen Personenkreis sind.

Und warum nun Aha-Erlebnisse? Vertrauen Sie mir, es werden Dinge ans Tageslicht kommen, mit denen Sie nicht gerechnet haben. Es werden neue Erkenntnisse gewonnen, die neue Prozesse initiieren und Konsequenzen mit sich bringen. So zum Beispiel, dass mein Coachee mit einer völlig neuen Zielgruppe heimfährt, die sich aber viel besser „anfühlt", besser zu ihm und seinen Kernkompetenzen passt.

TROTZ INDIVIDUALITÄT – TEAMSACHE

Die oben beschriebenen Themen sind mögliche Inhalte eines Business Coachings. Sie sollten bei einem Coaching stets das Gefühl haben, dass Ihr Coach und Sie ein Team sind. Ihr Coach sollte immer das Beste für Sie wollen, nie mit seinem Wissen hinterm Berg halten und Sie sollten ihm zu 100 Prozent vertrauen.

Das ist für mich elementare Basis für ein erfolgreiches Business Coaching. Gemeinsam erarbeiten wir Ihr ganz individuelles Konzept. Schließlich werden Sie in Zukunft Ihr Personal Training „verkaufen" müssen und das soll kein Abklatsch eines bereits bestehenden Personal-Training-Konzepts sein. Hier gilt es genau hinzuschauen, denn unsere Dienstleistung gibt es bereits.

Sie können das Rad (Personal Training) nicht neu erfinden, aber eben anders umsetzen. Hier zeigt sich, ob Sie wirklich PERSONAL Training anbieten. Viel zu oft finden wir Internetseiten von Kollegen, die nahezu identisch sind. Für den Klienten wird der Unterschied oft nicht klar, es sei denn, der eine Personal Trainer kostet 40 EUR und der andere 100 EUR pro Stunde. Wenn das der Fall ist, wird der eine erklären müssen, warum er z. B. für funktionelles Training oder Ausdauertraining 60 EUR mehr haben möchte als der andere. Ich frage immer: „Was ist der Unterschied zwischen Joggen und Joggen?" Wenn Sie das nicht punktgenau erklären können, sind Sie „raus".

Auch hier setzt ein gutes Business Coaching an. Im gemeinsamen Videotraining wird all das trainiert. Das Schöne: Hier dürfen Sie noch Fehler machen. Hier dürfen Sie mal „eigentlich" sagen oder „man". Hier dürfen Sie drumherum reden oder Ihren Preis – ohne dass Sie gefragt wurden – rechtfertigen. Im wahren Akquisegespräch ist das dann durch das gemeinsame Coaching-Training passé. Das Ziel ist, souverän und authentisch zu verkaufen, wie es Stefan Schröder in seinem wunderbaren Beitrag im Buch „Zukunft Personal Training – Erfolg durch Persönlichkeit" beschreibt.

Und genau um diese, Ihre Individualität geht es in einem gemeinsamen Business Coaching. Ganz am Ende bucht der Klient Sie, und nur Sie! Er bucht nicht Ihr Fachwissen, Ihre unzähligen Fortbildungen, zumal er eh nicht einschätzen kann, ob ihm das was bringt. Im Personal Training wird kein Fachexperte gebucht, sondern eine Trainerpersönlichkeit mit all ihren Erfahrungen, natürlich Ihrer Kompetenz und vor allem mit Ihrer Empathie.

Das Ziel eines Business Coachings muss immer sein, mit Ihnen gemeinsam Ihr ganz individuelles Personal-Training-Konzept zu erarbeiten. Sie müssen am Ende als gestärkte (Unternehmer-) Persönlichkeit heimfahren. Das Ziel muss Klarheit sein.

Ich wünsche Ihnen von Herzen Erfolg und hoffe, dass Sie durch die gemeinsame „Reise" einen Einblick in ein erfolgreiches Business Coaching bekommen konnten. Ich wünsche Ihnen Offenheit und Verständnis dafür, sich Ihr ganz persönliches Team aufzubauen. Dazu gehören Ihre Familie, ein intaktes, privates soziales Umfeld, tolle Klienten, unterstützende Kooperationspartner und bereichernde Kollegen. Gerade wir Personal Trainer, die es gewohnt sind, stets alleine zu arbeiten, brauchen das, um langfristig erfolgreich zu sein. Und dabei wünsche ich Ihnen viel Freude!

Meine Gedanken:

_____

_____

_____

_____

_____

_____

_____

_____

_____

_____

_____

_____

_____

_____

_____

_____

_____

_____

_____

_____

_____

_____

Reflexion:
1. Was sind meine Stärken und was sind meine Schwächen als „Unternehmer"?
2. Wo sehe ich als Unternehmer Handlungsbedarf in meinen geschäftlichen Angelegenheiten?
3. Kenne ich meine Grundmotive für diesen Beruf und treffe ich auch Entscheidungen auf deren Basis?
4. Habe ich eine langfristig belastbare Firmenstrategie, ein Konzept, welches ich verfolge?
5. Kenne ich meine Einzigartigkeit als Personal Trainer und kann diese auch auf den Punkt kommunizieren?

Wer trainiert eigentlich Personal Trainer?

Er ist einer der ersten und erfahrensten Personal Trainer Deutschlands und zweifellos auch einer der anspruchsvollsten: Eginhard Kieß hat die Qualitätsstandards der Branche maßgeblich geprägt. Als Gründer des Bundesverbands Personal Training e.V. und Inhaber des PREMIUM PERSONAL TRAINER CLUBS treibt er seit mehr als 19 Jahren das Erfolgskonzept Personal Training weiter voran.

- Coaching von Personal Trainern (Existenzgründung, Selbstmarketing, Neuorientierung)
- Erarbeitung neuer Businessziele: Strategie, Planung und Umsetzung eines erfolgreichen Personal Training Konzeptes
- Berater von Fitnessstudios, Wellness- & Spa-Anlagen zur Entwicklung und Implementierung eines Personal Training Konzeptes
- Keynote Speaker und Referent auf Kongressen, Unternehmertagungen und Fortbildungen
- Individuelle Konzeptentwicklung und Durchführung für Betriebliches Gesundheitsmanagement

Nutzen Sie seine Expertise und setzen Personal Training erfolgreich um.

Foto: Enric Mammen

Eginhard Kieß

Business Coach für Personal Training

www.eginhard-kiess.de

Kapitel 8

EIN ERFAHRENER PARTNER ALS BEGLEITER FÜR DIE EIGENE ENTWICKLUNG

Timo Bartel / Stefan Schröder / Arne Siebert

Ein erfahrener Partner als Begleiter für eigene unternehmerische Entwicklungsprozesse wird heute in der Wirtschaft als Mentor bezeichnet.

Dem heutigen Verständnis nach besteht die Aufgabe eines Mentors darin, seinen Mentee an Erfahrungen teilhaben zu lassen und mit dessen Hilfe die Weiterentwicklung eines beruflichen Weges individuell zu begleiten. Dabei stehen im Fokus: Perspektivengenerierung, strategisches Vorgehen, Umsetzung von konkreten Handlungsschritten und Zugang zu förderlichen Netzwerken.

Der Mentor unterstützt seinen Mentee darin, seine berufliche Identität zu entwickeln. Dabei steht der Mentor als Leitbild und Reflexionspartner solidarisch hinter seinem Mentee, z.B. in Entscheidungs- und Umbruchsituationen seines Unternehmens.

Im Grunde genommen sind wir für unsere Klienten ebenfalls Mentoren. Wir haben als Personal Trainer verschiedene Trainingsmethoden, Ernährungsweisen und Lebensformen ausprobiert und eine Sammlung von Erfahrungswissen generiert. Dieses Know-how stellen wir unseren Klienten zur Verfügung, damit diese sich sportlich, persönlich und gesundheitlich weiterentwickeln können. Bei Bedarf kommen diese auf uns zu und stellen uns Fragen oder wir erkennen nicht dienliche Verhaltensweisen bei ihnen und sprechen das an.

Innerhalb unseres Berufs bietet Mentoring eine enorme Chance, sein eigenes Potenzial zu entwickeln. Wie zu Beginn des Buchs beschrieben, sind wir – dem Umstand unseres Berufs geschuldet – eher Einzelgänger. In einem Mentoring steht uns eine Person mit jahrelanger Erfahrung zur Verfügung, die wir in allen beruflichen Themen befragen können und die uns ein ehrliches und neutrales Feedback gibt. Die dabei an uns vermittelten Informationen sind die Erfahrungen aus unserem Bereich. Beispielsweise kennt eine Marketingagentur unseren Markt nicht so eingehend wie ein Mentor, der seit 15 Jahren in diesem Beruf tätig ist. Dieses geballte Wissen können wir uns niemals über Fortbildungen aneignen. Wenn wir allein diese Menge an Fortbildungen bezahlen müssten, kämen wir finanziell an unsere Grenzen. Gleichzeitig würde ein einziges Leben vielleicht überhaupt nicht ausreichen. Ein Mentor bietet uns hier auch die Möglichkeit, Fehler in einem geschützten Rahmen zu machen und sie dann gemeinsam und mit einem neutralen Blick von außen zu analysieren. Das betrifft das praktische Training mit den eigenen Kunden wie auch die unternehmerische Tätigkeit selbst. Offenheit für diesen Prozess ist aber sicher eine der wichtigsten Fähigkeiten, die wir brauchen!

STEFAN SCHRÖDER: MENTORING IM PERSONAL TRAINING – VOM ICH ZUM WIR

Ich bin Personal Trainer. Genauer, das ist mein Beruf. Schon ziemlich lange, seit über 15 Jahren. Ich bin ziemlich gut darin – und erfolgreich (nein, das ist nicht dasselbe, aber dazu kommen wir später). Das muss ich wohl sein, denke ich. Sonst wäre ich nicht mehr dabei. Wobei: Im Laufe der Jahre hat sich meine Arbeit auch sehr verändert. Warum? Nun, man entwickelt sich eben. Das kommt mit der Zeit. Fortbildungen, Erfahrungen, Feedback von Klienten, alles trägt ja irgendwie dazu bei. Man lernt dazu, man reflektiert sich, und dann verändert man seine Perspektiven, Arbeitsweisen, seine Kommunikation oder vielleicht auch die Buchhaltung oder seine Website. Man schreibt einen Blog und lässt es wieder. Man fokussiert sich auf eine bestimmte Form der Ernährung. Man verwirft sie wieder. Man arbeitet mit einer bestimmten Trainingsmethodik und löst sich dann wieder von ihr. Irgendwie fühlt es sich für mich so an wie der Lauf der Gezeiten. Nichts ist so beständig wie der Wandel. Immer auf der Höhe der Zeit sein, einen Wissensvorsprung haben. Und Erfahrung natürlich. Ich glaube, nichts schafft mehr Vertrauen zu einem Personal Trainer. Hast du Erfahrung vorzuweisen, giltst du als kompetent. Vertrauenswürdig. Der Richtige für den Job. Es scheint keine größere Rolle zu spielen, um welche Art Erfahrung es geht. Ist es viel, ist es gut. Es stimmt schon: Man kommt in unserem Beruf schwerlich erfolgreich durch 15 Jahre, ohne dass man die eine oder andere Erfahrung macht. Interessanterweise erleben die meisten von uns Ähnliches, irgendwann. Das heißt, wir machen auch ähnliche Fehler. Immer wieder. Ich weiß, wovon ich da spreche. Mittlerweile kenne ich nämlich sehr viele andere Personal Trainer. Das war früher nicht so. Warum? Gute Frage. Um eine Antwort wenigstens zu versuchen: Ich glaube, unser Beruf macht irgendwie einsam. Auf eine ganz eigene, spezielle Art. Sicher, man ist den ganzen Tag mit anderen Menschen zusammen, ist gefragt als Experte, bekommt positives Feedback. Aber man arbeitet vorher und nachher immer allein, trifft Entscheidungen für sich allein. Wir haben keinen Chef. Wir müssen weder Urlaub beantragen noch regelmäßig zum Zielvereinbarungsgespräch erscheinen. Niemand sagt: Das finde ich gut, das finde ich schlecht. Es gibt keine Vorgaben darüber, was richtig und falsch ist. Das liegt in der menschlichen Natur, was für den Einen passt, funktioniert beim Anderen überhaupt nicht. Das heißt aber auch: Feedback gibt es nur mit der Zeit. So lange gilt, was schon Samuel Beckett wusste:

„Ever tried. Ever failed. No matter. Try again. Fail again. Fail better."

Außerdem ist unser Beruf ein vergleichsweise exotischer. Unsere Familie, unsere Freunde, die meisten haben irgendwie "normalere" Jobs. Sie sind mit all dem konfrontiert, was wir nicht (mehr) kennen. Siehe oben: Chef. Zielvorgaben. Kollegen, die man jeden Tag sieht. Permanentes Feedback. Fremdbestimmte Lebenszeit. Konstanz, planbares Einkommen. Trotz der Unterschiedlichkeit ihrer Berufe können sie über diese Dinge alle etwas sagen. Das schafft eine Verbindung und daran können wir oft nicht teilhaben. Ich kenne auch einige Kollegen, die nach vielen erfolgreichen Jahren immer noch von ihren Eltern gefragt werden, wann sie denn endlich was Vernünftiges machen wollen. Andere hören aus ihrem Umfeld, es sei ja gar kein richtiger Beruf, den ganzen Tag Sport zu machen und dafür sogar noch bezahlt zu werden. Und überhaupt, wie soll das später werden, wenn man älter wird? Hält doch keiner auf Dauer durch.

Ja, die Einzigen, die uns verstehen, sind wir selbst. Ich merke es immer bei größeren Fortbildungsveranstaltungen, wo der Redebedarf untereinander in den Pausen am größten ist. Wo man endlich spürt: Ich bin nicht allein. Es gibt andere, und sie sind wie ich. Die selben Fragen, die selben Probleme. Und so viele Lösungen. Gott sei Dank.

ICH – UND DIE ANDEREN

Nein, ich bin nicht unglücklich damit. Im Gegenteil. Ich stelle aber auch fest, dass wir uns mit der Zeit mit unserem beruflichen Alleinsein offenbar schwerer tun. Der Beruf des Personal Trainers zieht wohl Menschen mit einer bestimmten Persönlichkeitsstruktur an. Individualisten, Einzelkämpfer, Egozentriker, Freiheitsfanatiker, Selbstverwirklicher, Hobby-zum-Beruf-Macher. Von allem etwas vielleicht. Mit der Zeit stellen wir dann fest, dass es gemeinsam doch irgendwie einfacher und schöner ist als allein zu sein. So wie ich auch.

Um es gleich vorwegzunehmen: Ja, die Zeiten haben sich in den letzten Jahren geändert. Ich stelle heute fest, wie sehr der Austausch untereinander an Bedeutung gewonnen hat. Da hat sich kommunikativ vieles verändert, und ich finde, zum Besseren. Wir denken um: Kollegen sind weniger Konkurrenten im eigenen Revier. Wir reden miteinander statt über einander. Wir potenzieren Erfahrung, indem wir sie ergänzen, erweitern, vervollständigen. Dafür haben wir Netzwerke geschaffen, die dem Struktur und Raum bieten. Wir sind – ja – professioneller geworden. Und nun werden erstmalig, ganz offiziell sogar, Kollegen zu "Mentoren" und "Rookies" (Ich mag diesen Begriff, weil er aus dem Sport stammt und deshalb gut zu uns passt, wie ich finde.)

Damit wären wir also endlich beim Thema. Mentoring? Kann das passen? Und wenn ja, wie? In letzter Zeit denke ich viel darüber nach. Meist mit dem Ergebnis: Ich glaube schon.

Allgemein bezeichnet das Wort Mentor die Rolle eines Ratgebers oder eines erfahrenen Beraters, der mit seiner Erfahrung und seinem Wissen die Entwicklung von Mentees (Rookies) fördert. Die Bezeichnung geht auf eine Figur der griechischen Mythologie zurück: Ein Freund des berühmten Helden Odysseus namens Mentor war der Erzieher von Odysseus' Sohn Telemach.

Das sagt Wikipedia und erklärt somit zunächst den Begriff. Spannend und wichtig im weiteren Verlauf finde ich die verschiedenen Dimensionen: Wer mir einen Rat gibt, beantwortet mir aus seiner Perspektive eine Frage, die ich mir nicht selbst beantworten kann oder will. Er oder sie braucht dabei weder neutral noch besonders fachkundig zu sein. Es geht um etwas Konkretes, in der Hoffnung, dadurch schneller zu einer Lösung zu gelangen und sie praktisch umzusetzen. Ein Berater dagegen hilft mir durch seine Expertise zunächst, verschiedene Handlungsmöglichkeiten zu sammeln. Seine Erfahrung und sein Wissensvorsprung ermöglichen mir Betrachtungsweisen, die mir bisher nicht zur Verfügung standen. Am Ende kann eine Empfehlung stehen, aber darum geht es nicht in erster Linie. Neutralität in der Sache ist hilfreich, aber nicht so grundsätzlich notwendig wie etwa im Coaching. Schließlich ist da noch der erzieherische Aspekt: Erziehung meint im Grunde immer die Vermittlung von Werten. Hier gibt es also auch eine zusätzliche ethische Komponente.

Möge mir der geneigte Leser nun folgen, wenn ich versuche darzulegen, wie ich zum Mentoring-Befürworter wurde. Meine Geschichte soll exemplarisch zeigen, wie wichtig der Schritt vom „Ich" zum „Wir" für jeden Einzelnen von uns ist und wie dadurch unser Tun eine höhere Ebene erreicht: Für uns persönlich, unsere Klienten und sogar für unsere Gesellschaft insgesamt. Das klingt abenteuerlich? Nun, ich schlage vor: Warten wir es ab und geben dem Ganzen eine Chance.

WIR – ERSTE ERFAHRUNGEN

Wenn ich auf meine Anfangszeit als Personal Trainer zurückschaue: Ich hätte gerne einen Mentor gehabt (obwohl ich damals mit dem Begriff nichts hätte anfangen können). Wahrscheinlich hätte ich ihn sogar dringend gebraucht, denn es lief anfangs nicht alles rund. Allerdings kannte ich niemanden, den ich hätte fragen können. Klar, ich habe natürlich die vorhandene, spärliche Literatur studiert, immer in der Hoffnung, alles richtig zu verstehen. Aber jemanden (möglicherweise die Autoren) um Rat fragen? Oder sogar noch um Hilfe bitten? Dazu war der Respekt dann doch zu groß, das Ego auch, der gefühlte Abstand quasi unüberwindlich. Ich fühlte mich... unwürdig. Wollte mich erstmal beweisen, sozusagen etwas mehr Augenhöhe herstellen. Es kam mir nicht in den Sinn, dass sich so ja die meisten Fragen von selbst erledigen würden, auf die eine oder andere Art. Ich nahm auch die Kommunikationskultur in unserer Branche als, sagen wir mal, zurückhaltend wahr. Zumal der Beruf damals noch lange nicht so populär und akzeptiert war, wie das heute der Fall ist. Und so vergingen die ersten Jahre, es lief irgendwie. Meine ersten großen Fehler kosteten mich viel Geld und Zeit. Mehrfach – aber ich lernte. Es dauerte nur. Und eines Tages stellte ich fest: Ich wollte nicht mehr allein sein. Beruflich gesprochen. Mir fehlte das Miteinander, Austausch, Feedback durch Kollegen, die sich auskannten. Ich arbeitete zu dieser Zeit nebenbei in klinischen kinder- und jugendpsychiatrischen Einrichtungen und hatte das Glück, dort teilhaben zu dürfen am fachlichen Austausch zwischen Ärzten, Psychologen, Pflegern, Erziehern, Pädagogen und Therapeuten. Dort flossen verschiedene Perspektiven mit dem Ziel, den Patienten bestmöglich zu helfen, zusammen. Ich hatte große Freude an meiner sporttherapeutischen Arbeit dort. Oft dachte ich daran, wie hilfreich so etwas auch für meine Klienten sein könnte. Zu der Zeit war ich aber schon so sehr in meinen Arbeitsmustern gefangen, dass es stets bei theoretischen Erwägungen blieb. Und ehrlich gesagt: Ich hielt es für unmöglich.

WIR ZUM ZWEITEN – EINE KONFRONTATION MIT SICH SELBST

Zu dieser Zeit hatte ich das große Glück, mit einem meiner Klienten darüber sprechen zu können. Es handelte sich um einen erfahrenen Unternehmer, der meine berufliche Entwicklung mit großem Interesse verfolgte und mir stets kritische Fragen stellte. Er hatte so eine Art zu fragen, die mich stets zuerst in eine Abwehrhaltung brachte. Ich hatte das Gefühl, ich müsste mich recht-fertigen, erklären. Es waren spannende, aber manchmal auch schwierige Ge-spräche. Trotzdem blieb immer etwas davon bei mir hängen, setzte weitere Gedanken frei. Ich glaube, er wusste das genau. Er sah sich selbst auch, wie er sagte, als Bedenkenträger. Alles andere, da käme jeder schon von selbst darauf, meinte er. Und er sollte Recht behalten.

Eines Tages sprachen wir über meine Erfahrungen in der Klinik und meine Gedanken in Bezug auf meine Arbeit als Personal Trainer. Er stellte mir nach meinem Lamento folgende Frage:

„Was ist eigentlich das Problem?"

Nachdem ich ihm nun in aller Ausführlichkeit und mit großer Überzeugung das Problem genauestens erklärt hatte, schwieg er. Unser Gespräch beschäftigte mich aber noch lange danach und ein paar Tage später merkte ich: Es gab gar kein Problem. Ich *wollte* ein Problem daraus machen. So konnte ich hervorra-gend da bleiben, wo ich war. Nun, das Gefühl war recht speziell und es wurde zum Antrieb für weitreichende Veränderungen in meiner beruflichen Welt.

Rückblickend betrachtet war mein Klient sozusagen mein erster Mentor. Die regelmäßigen Gespräche beschleunigten meine Entwicklung enorm, nach-dem ich mich ernsthaft für seine Perspektiven öffnete. Ich musste an diesem Punkt allerdings einen entscheidenden Schritt vollziehen: den bewussten Rol-lenwechsel innerhalb einer Klienten-Trainer-Beziehung vom lehrenden Exper-ten zum neugierig Lernenden. Während ich darüber nachdenke, scheint es mir, als wäre genau das immer wieder die wichtigste Voraussetzung für nachhalti-gen Erfolg in unserem Beruf. Und dafür braucht es eben stets ein Gegenüber, wer auch immer das in dem Moment ist. Übrigens: Mein Klient erzählte mir Jahre später, für ihn wären unsere Streitgespräche (so nannte er das tatsächlich) ein stetiges Reflektieren seiner selbst gewesen. In meinen Reaktionen auf seine Fragen erkannte er sich oft selbst wieder und staunte überrascht, wie sehr ich ihn unbewusst spiegelte. Auf diese Art konnte er offenbar auch seine eigene

Entwicklung genauer in den Fokus nehmen. Unser "Freestyle-Mentoring" hatte also irgendwie in beide Richtungen gewirkt.

WIR – NEUE PERSPEKTIVEN

Mir wurde klar: Wenn ich mehr Austausch wollte, musste ich ihn mir suchen. Eine Möglichkeit dafür bot damals der jährlich stattfindende Personal Trainer Kongress. Die Gespräche mit anderen Teilnehmern empfand ich als interessant, aber ich suchte etwas mit mehr Kontinuität. So führte mich mein Weg schließlich zu einem Netzwerk von Personal Trainern, die sich regelmäßig trafen und sich darüber hinaus auch intern über ein Internetforum zu allen Themen unseres Berufes austauschten. In einer sehr unstrukturierten Form war das auch schon Mentoring, denn es gab einen Erfahrungs- und Wissenstransfer. Zum ersten Mal traf ich auf Ratgeber, Berater – und tatsächlich Erzieher. Aber das wurde mir erst viel später klar.

Ich hatte mir vorgenommen, mich aktiv einzubringen. Das war als Neuling nicht gerade einfach, fand ich. Nach einem Jahr ergab sich aber eine spannende Möglichkeit, denn wir entwickelten als erste der Branche ein internes Qualitätsmanagement inklusive einer Prüfung. Eine Prüfungskommission prüft Trainer – umfassend und live. Damals wirbelte das Ganze ziemlich viel Staub auf, aber im Hinblick auf unser Thema Mentoring war das ein wichtiger Schritt: Erstmals bekam man strukturiertes Feedback bezüglich seiner tatsächlichen Arbeit. Und zwar von Kollegen, die im Regelfall erfahrener und mindestens ebenso kompetent waren. Man konnte also das Feedback (es gab eine Videoaufzeichnung – ein wirklich interessantes Gefühl, sich selbst bei der Arbeit zu sehen) als Impuls für die eigene Entwicklung nutzen. Ich habe am Ende übrigens zehn Jahre in der Prüfungskommission zugebracht und in dieser Zeit immer wieder die Wirkung von Feedback in beide Richtungen erleben dürfen. Es war natürlich vollkommen anders als mit meinem Klienten. Die Rollen waren ja auch anders verteilt. Trotzdem funktionierte es (Achtung: Neugieriges Lernen vorausgesetzt!) ähnlich. Es gab mehr Struktur und das Thema „Augenhöhe" spielte sicher ein größere Rolle. Schließlich waren wir ja alle im selben Beruf. Ich glaube, dass diese Prüfung und ihre Entwicklung das Tor öffnete für andere, neue Formen des Feedbacks und damit der Entwicklung von uns allen. Und mit etwas Abstand erkenne ich, dass wir unbewusst alle Aspekte von Mentoring integriert hatten.

Um den roten Faden nicht zu verlieren: Bisher wollte ich anhand meines Erlebens erzählen, wie es zu einer grundlegend veränderten Kommunikation

Personal Training boomt. Umso wichtiger ist es,
sich von der Masse zu differenzieren.

Sie zählen sich zu den Besten?
Wir setzen die anerkannt höchsten
Qualitätsmaßstäbe unserer Branche.

- Personal Trainer Zertifizierung
- Mentoring-Programm
- Qualitätsmanagement für
  Personal Trainer
- Aus- & Fortbildungen
- Exklusiver Erfahrungsaustausch

www.premium-personal-trainer.com

unter uns Personal Trainern kam. Ohne das wären wir wahrscheinlich nie zu den Formen des Mentorings gekommen, wie wir sie heute haben. Es war ein Weg für jeden von uns persönlich, innerhalb unseres Netzwerkes und auch der gesamten Branche. Fahren wir also an dieser Stelle fort.

WIR ALS DU UND ICH

Ein weiteres Freestyle-Feedbackinstrument, welches sich mehr und mehr auch außerhalb unseres Netzwerks durchsetzte: Hospitationen. Stellen Sie sich vor: Personal Trainer besuchen sich gegenseitig und schauen sich einen oder mehrere Tage bei der Arbeit über die Schulter. Auch hier gibt es einen Erfahrungs- und Wissenstransfer. Und jeder möchte sich weiterentwickeln. Rat bekommen, Rat geben und Rat annehmen bekommen hier eine neue Bedeutung. In meinen ersten Jahren als Personal Trainer wäre so etwas nicht so ohne weiteres möglich gewesen. Diese sehr direkte Art des Austauschs lässt sich beliebig wiederholen, ohne dass sie an Qualität verliert und kommt mit ihrer Eins-zu-eins-Situation nicht nur unserem Beruf, sondern auch "klassischem" Mentoring schon ziemlich nah. Und glauben Sie mir: Zu Beginn war das eine echte Revolution mit jeder Menge Gegenwind. Aber, um einmal Victor Hugo zu zitieren: "Nichts ist mächtiger als eine Idee, deren Zeit gekommen ist."

FINALE

Schließlich gibt es noch einen weiteren spannenden Aspekt in unserem Thema: die Nachwuchsförderung. Damit sind wir nun tatsächlich im erzieherischen Aspekt unserer Definition gelandet. Berufsethik ist wohl überall wichtig, im Personal Training ist sie essentiell.

Mentoring-Programme gibt es in der Politik, in großen Unternehmen und Konzernen oder im Sport. Sie sind strukturell recht unterschiedlich aufgebaut, dienen aber stets der Einbindung und Entwicklungsförderung der nächsten Generation und sind so eine wichtige Investition in die Zukunft aller Beteiligten. Wir haben auf Anregung eines unserer erfahrensten Kollegen im Netzwerk im nächsten Schritt also versucht, so ein Programm für Nachwuchs-Personal-Trainer zu schaffen. Zum ersten Mal haben wir eine Mentor-Rookie-Beziehung definiert. Mit Rechten und Pflichten. Wir wollten aber auch die offene Art des Austauschs und der Zusammenarbeit beibehalten. Schließlich hatten wir damit sehr gute Erfahrungen gemacht. Aus verschiedenen Gründen hat diese erste

109

Ein erfahrener Partner als Begleiter für die eigene Entwicklung

Form eines organisierten Mentoring-Programms leider nicht funktioniert. Es gab mal wieder etwas zu lernen. Und so gibt es nun ein grundlegend neues Programm. Es ist institutionalisiert (also an einen Rahmen und an Vorgaben gebunden), findet intern (exklusiv innerhalb unseres Netzwerks) und individualisiert statt (Eins-zu-eins-Beziehung zwischen Mentor und Rookie). Ich bin seit annähernd 12 Jahren an unserer Entwicklung beteiligt und kann daher sagen: Alle bisherigen Erfahrungen sind integriert worden. Es ist der logische nächste Schritt und beinhaltet nun in professionell organisierter Form alle Aspekte von Mentoring. Die ersten Ergebnisse sind vielversprechend.

Wenn ich nun zurückschaue, erkenne ich: Mentoring ist ein Prozess, der gestaltet werden muss. Er muss sozusagen passend gemacht werden für den Rahmen und die Ziele, für die er eingesetzt werden soll. Es braucht Engagement von beiden Seiten, Zeit, Strukturen. Klarheit ist hilfreich. Offene Kommunikation auch. Neugier. Dann entstehen spannende Entwicklungen, von denen alle Seiten profitieren. Ich erlebe das auf unterschiedliche Art jeden Tag.

Einen Mentor zu haben, der mich wie beschrieben begleitet, wäre damals für mich ein großes Glück gewesen. Ich bin mir allerdings nicht sicher, ob ich es hätte annehmen können. Es braucht von Rookie-Seite schon ein bestimmtes Selbstverständnis und auch persönliche Reife. Allerdings war und bin ich mittlerweile auch Mentor. Und ich weiß: Hier gilt das gleiche.

Als Personal Trainer mit echtem Engagement und langfristigem Erfolgshunger muss man vielleicht einige Erfahrungen (um nicht Fehler zu sagen) selber machen. Aber sicher nicht alle. Und das Miteinander ist es, was uns wirklich voranbringt. In diesem Sinne: Mut zu der möglicherweise bereicherndsten Investition Ihrer Karriere!

ARNE SIEBERT: PERSPEKTIVE EINES ROOKIES

Meine Erfahrung als Personal Trainer begann vor knapp fünf Jahren im Nebenberuf. Ich hatte gerade meinen Bachelor of Arts in Fitnessökonomie absolviert und hatte, da es ein duales Ausbildungssystem war, meine Zeit als Trainer und Clubleitung in einem 2000 +- Edeldiscounter abgeschlossen. Meine Entscheidung viel damals gegen das Studio, ich suchte nach drei Jahren etwas Neues, wollte mich verändern. Nach langem Überlegen fasste ich den Entschluss, erstmal als freiberuflicher Trainer zu arbeiten. Ich meldete ein Gewerbe an und arbeitete fortan freiberuflich in meinem Ausbildungsbetrieb und gab einige Personal Trainings. Nebenher wuchs bei mir der Drang, mich noch weiterzuentwickeln und so dauerte meine erste selbstständige Tätigkeit nur einige Monate und ich begann mein Masterstudium bei einer führenden Mikrostudio-Marke. Da mein Gewerbe noch angemeldet war, gab ich auch während meiner Zeit als Filialleiter hin und wieder Personal Trainings. Nach sehr lehrreichen drei Jahren im Mikrostudio wurde mir die Arbeit zu monoton. Mit Masterabschluss in der Tasche habe ich in erster Linie nach einer Vollzeitbeschäftigung im betrieblichen Gesundheitsmanagement gesucht. In meiner Wahlheimat Hannover waren die Chancen auf dem Markt damals allerdings sehr rar und es ergab sich anders als erwartet. Ein guter Freund von mir suchte einen Mitarbeiter im Vertrieb. Mehr Geld, sitzende Tätigkeit, Veränderung, Verkaufen, diese Mischung kam mir zu diesem Zeitpunkt rational okay vor und ich entschied mich gegen mein leicht skeptisches Bauchgefühl. Ich merkte ziemlich schnell, dass ich die Aufgaben wie Telefonieren, Verkaufen, viel Administration und einige andere Aufgaben gut beherrschte und mich entsprechend schnell als sehr guter Verkäufer entpuppte. Aber dennoch gab es viele Punkte, die langfristig gegen eine Anstellung als klassischer Büroangestellter sprachen. So begann ich nach etwa einem Jahr wieder intensiver Personal Trainings zu geben. Mein Nebenberuf entwickelte sich nebenher weiter. Nun gab es eine professionelle Internetseite und ich wurde besser gefunden. Vor ca. einem Jahr wusste ich, ich muss mich für eine Sache entscheiden. Um ehrlich zu sein, es fiel mir überhaupt nicht schwer, mich für das Personal Training zu entscheiden. Der Wunsch war schon die ganze Zeit in mir, allerdings hatte bis zu der endgültigen Entscheidung mein Sicherheitsdenken permanent gewonnen. Nun ist es endlich soweit, seit etwa vier Monaten bin ich selbstständig in Vollexistenz.

MEIN BEWEGGRUND MIR EINEN MENTOR ZU SUCHEN

Ich erkannte, dass im Personal-Training-Markt riesiges Potential darin steckt, sich von seinen Mitbewerbern abzugrenzen. Der Markt in meiner Region ist oberflächlich gesehen sehr homogen. Jeder bietet vom Gefühl her alles an, hat ähnliche Lizenzen und platziert sich vergleichbar für die Kunden. Mein Plan war für mich schon mal klar definiert. Sei anders als die anderen. Wie schwierig das ist, hatte ich beim Schmieden des Plans nicht vermutet. Die erste Anlaufstation von mir waren Marketing- Kommunikationsagenturen. Ich dachte diese könnten mir bei dem optimalen Konzept im Personal Training helfen. Ich besuchte ca. sieben verschiedene Agenturen. Was alle gemeinsam hatten, war ein recht hohes Honorar, welches sie verlangten und die Fehldeutung meines Unterfangens. Was ich wollte war ja Hilfe beim Erstellen meines Konzepts. Was ich bekam, war meistens eine Mischung aus einem Angebot für Visitenkarten, Logo, Briefpapier, Umstrukturierung des Internetauftritts. Tja, das half mir nicht im geringsten, mein Konzept im Kern von meinen Kollegen abzugrenzen. Und ich machte mich auf zu neuen Plänen. Klar war: Ich brauchte Unterstützung.

Wichtig dabei sind mir Gespräche auf Augenhöhe. Ein ehrlicher Umgang und vor allem konstruktive Kritik sind mir sehr wichtig bei der Auswahl gewesen. Als weitere wichtige Punkte, um voranzukommen, sehe ich es als hilfreich an, regelmäßig Feedback zu bekommen und wichtige Impulse zu erhalten. Ich wollte vom Wissen erfahrener Leute der Branche profitieren, lernen von den Besten. Genau das habe ich in Form eines Mentoring-Programms gefunden.

MEHRWERT

Nach Informationsgesprächen und Klärung der Eckdaten habe ich mir meinen Mentor aus drei potentiellen Kandidaten ausgesucht. Über Telefonate hatte ich die Mentoren kennengelernt. Menschlich sollte es von Anfang an gut passen. Nach Auswahl meines Mentors wurde zusammen die gegenseitige Erwartungshaltung abgeklärt und der Ablauf des Mentoring-Programms erneut erläutert. Seit Beginn des Mentoring-Programms telefoniere ich in etwa jede Woche einmal mit meinem Mentor. Ich bekomme Aufgaben gestellt, muss ungewohnt viel nachdenken, mich selbst hinterfragen, wissen, was ich will, wissen, was meine zukünftigen Kunden wollen. Diese Schleife wiederholt sich grob von Mal zu Mal. Ich merke, dass ich immer mehr weiß, was ich will, wie meine Kunden sein sollen, was mein Konzept ausmacht und wie ich mich von anderen abgrenze. Ich kenne meine Stärken, meine Talente und meine Werte. Diese strukturierte Herangehensweise an mein Konzept hätte ich alleine nie hinbekommen – und schon gar nicht in dieser Form zusammen mit einer Agentur. Ich weiß immer mehr, wer ich eigentlich bin, wofür ich stehe und wie ich mein Leben, meine Arbeit gestalten möchte. Durch gezielte Fragestellungen des Mentors habe ich es mir selbst beantwortet und nicht beantworten lassen. In dem Mentoring-Programm gehen wir alle wichtigen Themen durch, die ein Personal Trainer unbedingt berücksichtigen beziehungsweise wo er dringend Kenntnis erwerben sollte. Marketing, Sales, das Honorarkonzept, wie verkaufe ich mich selbst, Kundenkontakt, Akquisegespräche, Kooperationen, Weiterbildungen, Umgang mit schwierigen Kunden, Konkurrenz-/Marktanalyse, Selbstmanagement und das Thema Rentenversicherung für Trainer sind nur einige

Punkte, die gründlich bearbeitet werden. Darüber hinaus wird hospitiert, der Mentee beim Mentor und andersherum. Feedback wird im Programm groß geschrieben und gibt mir eine Rückkopplung meiner Leistung.

Mein absoluter Mehrwert ist das stetige Wachsen meines Konzepts, es wird klarer und klarer. Und mir hilft es ungemein, mich einmal die Woche auszutauschen. Gerade in einem Geschäft, welches aus vielen Einzelkämpfern besteht, ist dieser Austausch meistens sehr schwierig. Hier habe ich Gespräche auf Augenhöhe und das mit erfahrenen Kollegen. Ich hätte ohne das Mentoring-Programm oftmals schon blind und nicht halb so zielführend Investitionen getätigt oder Projekte angenommen, welche nicht meinen Werten entsprechen. Die zum Positiven veränderte Sichtweise und das sinnige Hinterfragen von Angeboten jeglicher Art ist ein Riesen-Vorteil für mich, der ohne das Mentoring-Programm nicht stattgefunden hätte. Ich versuche nun mein Geld so gut es geht zusammenzuhalten und sehr überlegt auf Lockangebote und spontane Einfälle zu reagieren. Diese Sichtweise betrifft im Übrigen nicht nur Angebote, sondern auch Weiterbildungen, Kunden, sämtliche Treffen, u.v.m.

Ich finde, jeder kann von einem Mentoring nur profitieren. Wie heißt es so schön: „Man lernt nie aus". Mit Unterstützung kann man jeden Weg leichter gehen. Schön wäre es, wenn das Mentoring-Programm noch persönlicher stattfinden könnte. Aufgrund meiner räumlichen Distanz zum Mentor gestaltet sich ein persönliches Treffen etwas schwieriger. Trotz allem fühle ich mich sehr gut betreut.

MEINE PERSPEKTIVE ALS PERSONAL TRAINER

Ich für mich muss immer wieder lernen, die Handbremse zu ziehen, mich nicht zu verzetteln. Das hat mir mein Mentor schon sehr nahegebracht. Wenn ich diesen Support nicht hätte, wäre ich mir längst nicht so klar wie heute und hätte verschiedene Projekte angenommen, die nicht zielführend waren. Ich betreue jetzt einige Kunden, bereits mehr als ich nach dieser Zeit im Business-Plan geplant hatte. Ich gucke mit voller Zuversicht in die Zukunft und fühle mich durch das Mentoring viel sicherer und strukturierter in meiner Vorgehensweise. Das Mentoring unterstützt mich umfassend beim Aufbau meines eigenen Business.

Meine Gedanken:

Reflexion:
1. Kann ich mich einem Mentor gegenüber öffnen?
2. Welche Mentoren hatte ich in der Vergangenheit?
3. Wer ist heute mein Mentor?
4. Gibt es ein klar ausgesprochenes Ziel zwischen meinem heutigen Mentor und mir? Was wären Ziele, die ich mit einem Mentor angehen kann?
5. Wer könnte mein Mentor werden? Warum diese Person und für was ganz genau?

BEWÄHRTES MIT NEUEM VERBINDEN

Timo Bartel

Das Thema Social Media bietet eine enorme Chance, auf einfache Art und Weise mit Menschen in Kontakt zu kommen und zu bleiben. Ganz legitim, wenn man sich bewusst dafür entscheidet. Momentan haben ca. 1,7 Milliarden Menschen ein Facebook Profil. Sicher, nicht alle nutzen es regelmäßig und nicht jeder unserer Klienten ist dort zu finden oder benutzt seinen realen Namen und ein Profilbild. Aber die Summe an Nutzern zeigt, dass es hier Potenzial gibt, eine große Anzahl von Menschen auf Wunsch auch sehr selektiert zu erreichen. Sie können Ihren Kundenstamm pflegen, indem Sie Ihre Klienten und Interessenten an Bereichen Ihres eigenen Lebens teilhaben lassen. Die Menschen, mit denen Sie zu tun haben, mögen Sie ja in aller Regel. Und sie mögen es auch, eine wenn auch virtuelle Nähe zu Ihnen zu haben. Auch ein Blogartikel verteilt sich wesentlich schneller über LinkedIn, Xing und Co.

Sie können Neukunden generieren, indem Sie auf eigene Veranstaltungen oder Ihre Arbeit aufmerksam machen. Die Suchmaschinen honorieren die Vernetzung von Sozialen Medien wie Facebook, Youtube, Webblog etc. durch ein besseres Ranking im Suchergebnis Ihrer Website. Der Trend der heutigen Generation geht weg von der Informationssuche auf Websites hin zur Suche auf sozialen Medien und entsprechend positiven Bewertungen. Und diese Generation ist unsere zukünftige Klientel!

Es kann auch sein, dass Sie sich ganz bewusst gegen ein am Ende doch irgendwie anonymes Medium entscheiden. Auch das kann eine klare Positionierung sein. Schließlich rennen Sie damit nicht gleich jedem Trend hinterher und bieten damit Stabilität und Ruhe. Etwas sehr Seltenes in der heutigen Zeit. Was nützen einem schließlich 1236 Freunde oder Follower, wenn Sie nur 1, 2, 3 oder auch 10 reale und gute Kontakte brauchen, um voranzukommen? Freundschaft beruht schließlich auf Zuneigung, gegenseitiger Wertschätzung und Vertrauen. Wir schätzen eine Person nicht aus geschäftlichen Interessen, sondern um seiner selbst willen. Daher gilt es auch, zwischen geschäftlichem Kontakt und Privatem zu unterscheiden. Hier vermischen sich Grenzen und das ist, wie zu Beginn des Buchs beschrieben, nicht ganz ungefährlich.

Wie gezielt und mit welcher Frequenz Sie vorgehen, ist abhängig von Ihnen und Ihrem Firmenkonzept. Entscheidend ist der qualitative Inhalt und die Kontinuität in der Sache. Und das ist auch ein Knackpunkt! Denn jeder zusätzliche Kanal, der gut gepflegt sein sollte, benötigt Zeit und Energie. Das kann Kontaktverwaltungsstress bedeuten! Sie müssen regelmäßig Texte verfassen, etwas posten, Bilder versenden, auf Kommentare antworten oder Videos aufnehmen. Seien Sie sich auch im Klaren darüber, dass Sie mit diesen Medien kritisierbar sind. Und zwar ganz öffentlich. Ein negativer Kommentar auf Ihren Post muss wohlüberlegt beantwortet werden. Und was einmal im Netz ist, das bleibt in aller Regel zumindest schon einmal in den Köpfen derer, die es wahrgenommen haben. Wir können zwar jemanden einstellen, der die Pflege dieser Medien übernimmt oder einen externen Service in Form eines Social-Media-Beraters in Anspruch nehmen, aber am Ende kennen nur Sie die Sprache Ihres Geschäfts. Niemand außer Ihnen versteht Ihr Konzept so gut, dass er es nach außen transportieren kann.

Treffen Sie als erstes eine Entscheidung darüber, ob Sie sich mit dem Thema Social Media tatsächlich beschäftigen möchten. Wenn nein, gut. Sie haben jetzt Zeit, sich um andere wichtige Themen zu kümmern. Wenn ja, treffen Sie weitere Entscheidungen:

- Was möchte ich dort erreichen? Neukunden, Kundenpflege, Ranking, Position am Markt ...?
- Wer soll sich um das Thema Social Media kümmern?
- Welchen Kanal möchte ich bedienen? Welcher Kanal macht Sinn, um mehr Menschen auf mich aufmerksam zu machen? Wo erreiche ich meine Bestandskunden, meine Neukunden?

Lautet Ihre Antwort JEIN, dann lohnt sich dennoch der Blick hinter das größere Ganze. Soziale Medien zu bedienen entspringt ja der Tatsache ein Netzwerk aus Menschen zu nutzen. Und das eben mit dem Medium Internet. Aber es gibt ja auch klassische Netzwerke, die mit realen Kontakten von Mensch zu Mensch funktionieren. Das betrifft Sie und Ihre Kooperationspartner (z.B. ein Heilpraktiker), aber auch Institutionen, die einen Rahmen bieten zum persönlichen Kennenlernen und Ihre Dienstleistung vorzustellen. Beispiele wären Rotary Club, Lions Club, regionale Unternehmerstammtische, Business Network International, Frauenzirkel, Männertreff u.v.m. Selbstverständlich müssen auch diese Kontakte gepflegt werden. Jedoch können Sie hier genau überlegen, wen Sie in Ihrem Netzwerk haben möchten. Dazu empfehle ich Ihnen eine etwas andere Perspektive. Für gewöhnlich suchen wir die Person in solchen Netzwerken nach dem Nutzen, den sie uns bringt, aus. Fragen Sie sich einmal, wen Sie interessant finden!

· Wer ist Ihnen wertvoll – unabhängig, ob er Ihnen Nutzen bietet? Bei wem stimmt die „Chemie"?
· Von wem möchten Sie mehr erfahren oder auch etwas lernen?

Es kommt auf die Fragestellung an. Nutzen kann aus vielen Aspekten entstehen, die Sie anfangs noch nicht überblicken können. Sie werden spüren, wen Sie kennenlernen möchten und wo Sie dann mitmachen wollen. Sie müssen nicht auf jeder Hochzeit tanzen! Um hier mehr Klarheit zu erhalten, schlage ich Ihnen folgendes vor:

1. PRÜFEN SIE IHRE VERBINDUNGEN

Schreiben Sie einmal alle Personen aus Ihrem Umfeld auf. Ordnen Sie diese Ihren verschiedenen Lebensbereichen zu (z.B. Familie, Kunden, Freunde, Kollegen, …). Das verdeutlicht Ihnen, wie weit gestreut Ihr Netzwerk ist und wer sich wo in Ihrem Leben befindet. Ein Netzwerk sollte zwar weit verzweigt sein, aber ähnlich wie die Neuronen unseres Nervensystems sollten starke Verbindungspunkte bestehen. Das sind unsere wesentlichen Bezugspersonen. Alle weiteren Verzweigungen ergeben sich dann von alleine und automatisch in die förderliche Richtung.

2. FOKUS SETZEN

Viele Kontakte, Einladungen und Posts beantworten wir eher mit einem unguten Gefühl. Ein Gefühl des inneren Widerstands. Sie können mit der oben erstellten Auflistung und vor dem Hintergrund, dass auch Sie nur 24 Stunden am Tag zur Verfügung haben, guten Gewissens aussortieren und den Fokus auf die wesentlichen Bezugspersonen oder Netzwerke legen. Sie müssen nicht jeden Kontakt halten und jeder Aufforderung zum gemeinsamen Austausch nachgehen.

3. WENN DAS PFERD TOT IST, ABSTEIGEN

Lösen Sie sich von toten Verbindungen, die nur auf Sie zukommen, wenn diese Hilfe brauchen oder wenn sie lange Zeit nichts von Ihnen gehört haben. Das trifft auf Netzwerke wie Verbände und Vereine genauso zu, wie auch auf einzelne Personen.

4. ENTSCHEIDEN SIE SICH FÜR QUALITÄT

Entscheiden Sie sich für ein gutes Netzwerk oder einige wenige wesentliche Bezugspersonen, die Ihr Netzwerk bilden, und engagieren Sie sich dort. Und zwar voll und ganz! Mit Herz und Hand! Für mich ist das der PREMIUM PERSONAL TRAINER CLUB®. Hier habe ich Freunde gefunden, aber auch ca. 70 der erfolgreichsten Kollegen kennengelernt. Es gibt eine Schnittmenge zwischen meinen Werten und denen des Clubs und seinen Mitgliedern. Die Vorteile drücken sich in meiner Verbundenheit zu diesem Club aus und deshalb engagiere ich mich dort und auch nur dort.

Die Wirkung ist so viel größer als überall nur stumme letzte Sitzreihe zu spielen. Ihre Bezugspersonen werden auch Ihr Engagement bemerken und es zu schätzen wissen. Ganz nach dem Motto: „Wie du mir, so ich dir".

Meine Gedanken:

Reflexion:
1. Welche Chancen und Risiken sehe ich in Netzwerken?
2. Was liegt mir mehr: traditionelles oder neues Netzwerken?
3. Welches konkrete Konzept verfolge ich?
4. Treffe ich klare Netzwerkentscheidungen auf Basis meiner Marke und meines Zeitbudgets?

SOZIALE PROJEKTE VERBINDEN – DER GEMEINSAME HÖHERE SINN

Tim Bertko

Meiner Meinung nach existiert in unserer Gesellschaft ein Paradoxon bezüglich sozialem Interesse und der wirklichen Unterstützung eines Projekts. Viele Menschen reden über Ungerechtigkeit und schwärmen, wenn auch nur heimlich, von Menschen, die sich wahrhaftig für eine Sache praktisch einsetzen. Allerdings ist eben dann die Hemmschwelle recht groß, wenn um echte Aktivität gebeten wird. Vielleicht sind viele Menschen zu sehr mit sich selbst beschäftigt. Der Alltag ist mächtig und fordert seinen zeitlichen sowie energetischen Tribut. Dennoch sind Mitgefühl und Anteilnahme für aktuelle Themen wie die ertrunkenen Flüchtlinge im Mittelmeer, Erdbebenopfer in Nepal, Lebensmittelverschwendung in Deutschland oder der nette Obdachlose von nebenan stark vorhanden.

   Ich persönlich bin der festen Überzeugung, dass ein Engagement für soziale Gerechtigkeit ein zutiefst menschliches Bedürfnis darstellt. Klar ist, dass das Niveau der Zuwendung von vielen Faktoren wie Erziehung, Prägung, Erfahrungen oder individuellen Werten abhängig ist. Ob in der Kindheit Erlebnisse wie Pfadfinder, Pioniere, Waldorf- oder Montessori-Schule, Gastfamilie, viele Geschwister usw. einen wesentlichen Anteil für ein späteres Sozialengagement bedingen ist offen, vermutlich aber förderlich. Nun bin ich wiederum Einzelkind, war von klein auf stets in Sportvereinen involviert und einige Jahre Leistungssportler der Leichtathletik, war Zivildienstleister im Altenheim und habe Erziehungswissenschaften studiert. Insofern ist es wohl doch recht individuell, wie tief ein „Weltverbessern" verankert ist. Für mich galt und gilt meine Leidenschaft und Berufung dem Sport sowie der Zusammenarbeit und des Wirkens mit und für Menschen. Das ist für mich einer der entscheidenden Faktoren; die Lust, das Interesse an Menschen und deren Persönlichkeit. Im Personal Training geht es nicht nur um Körperlichkeit, sondern vor allem um mentale und psychische

Aspekte im Umgang mit dem Klienten. Kann der Personal Trainer begeistern, animieren, motivieren, achtsam und einfühlsam sein, ist er empathisch und führt mit der nötigen sozialen Kompetenz? Dafür bedarf es einer guten Vertrauensbasis, Geduld und kommunikativer Fähigkeiten. Wenn eine engere Zusammenarbeit mit dem Klienten gelingt, werden leichter persönliche Erfahrungen oder Wünsche geäußert und somit wunderbare Gespräche möglich. Dabei kann es passieren, dass von Ihnen im Nebensatz Gedanken zu einem persönlichen sozialen Projekt geäußert werden und der Klient plötzlich aufhorcht und nachhakt. Wenn Sie dies wahrnehmen, ist dies die Grundlage für eine weitergehende Bindung zu Ihrem Klienten. Dabei ist es unerheblich, für was und wo Sie sich engagieren. Mein ganz eigenes Engagement gilt Nepal, im Speziellen PROJECTNEPAL.EU. Eine NGO (Non-Governmental Organisation beziehungsweise Nichtregierungsorganisation), die sich für Kinderheime, ein Krankenhaus in Kathmandu und der schulischen Unterstützung von Mädchen in Nepal einsetzt. Warum ausgerechnet Nepal und nicht Deutschland, Berlin? Mein Enthusiasmus beruht auf emotionalen Erfahrungen während meiner Reise durch Nepal 2013. Ich hatte das Glück, in einem der 20 ärmsten Länder wahrhaftige Menschlichkeit, Lebensfreude und Neugier in misslichen Lebensumständen zu erleben. Die Erfahrung, wenig zu haben und doch teilen zu können, arm zu sein und pure Neugier zu leben, berührte mich zutiefst. Die Trauer der Erinnerung an das Erdbeben von 2015 rückte das kleine Land in den globalen Fokus. Kurzzeitig, aber immerhin. Sie benötigen nicht immer erst eine Naturkatastrophe. Was es aber braucht, um andere Menschen für eine Sache zu begeistern, ist: Enthusiasmus, Aktionismus, Handlungsbereitschaft. Denn nur, wenn Sie persönlich auch diese Energie in Gesprächen transportieren können, können Sie auch mittels sozialer Projekte Bindung durch Interesse oder Wachrütteln verborgener Werte bei Ihren Klienten schaffen und dem Ganzen einen höheren Sinn geben. Verstehen Sie mich bitte nicht falsch: Personal Training kann heutzutage einen hohen Sinn stiften, beziehungsweise kann ein außergewöhnlich wertgebender Beruf sein und womöglich in naher Zukunft noch viel mehr. Die persönliche Bindung an Klienten durch das Vorleben sozialen Engagements und Begeisterung wirkt enorm verstärkend für Sie als Trainer. Denn dadurch gewinnen Sie plötzlich einen positiven Einfluss auf ihn und dessen weiteren Personenkreis. Glauben Sie mir wenn ich sage, dass es recht einfach ist, bei Klienten und Freunden Anteilnahme für „Ihr" Projekt zu generieren, insofern Sie wirklich dahinter stehen und handeln. Egal, ob es das reine Sammeln von Geld- und Sachspenden, Aufklärungsworkshops, persönliche Erfahrungsberichte oder gemeinsam organisierte Veranstaltungen wie eine Firmenfeier mit Spendenaufruf sind. Solange Sie mit absoluter Transparenz für hundertprozentige Ausschüttung der Zuwendungen, Offenheit und eben mit gutem Beispiel vorangehen, lassen sich verborgene Emotionen und Werte bei Ihren Klienten und Mitmenschen wecken. Und wenn Sie einmal gemerkt haben, was es heißt, gemeinsame Werte auszutauschen und zu leben, bewirken Sie noch etwas viel Stärkeres, nämlich die Schaffung von Netzwerken. Die Hauptmessage meines Buchbeitrags ist: Menschen treffen andere Menschen, lernen sich kennen und können so wieder neuen und fruchtbaren Austausch aufleben lassen. Fördern Sie das Zusammenkommen Ihrer Kunden, erschaffen Sie mit so etwas grundlegend Humanen wie „Tu etwas für andere" Ihr Netzwerk. Schöpfen Sie daraus Kraft und vielfältige Ressourcen, um weiterhin Ihr soziales Projekt, sowie natürlich auch Ihr eigenes Geschäft zu fördern.

PFLEGEN SIE IHRE KERNKOMPETENZ STETS ZUERST!

Wichtig ist es, dass der eigene Rhythmus des Engagements erkannt wird. Wenn Sie sich während der Arbeit permanent über Soziales und Ungerechtes auslassen, kann es passieren, dass Klienten innerlich eine Mauer gegen Sie aufbauen und das Wesentliche, nämlich das Training, aus dem Fokus gerät. Nicht jeder möchte spenden, vielleicht hat er im Speziellen zu Ihrem Projekt keinen Bezug, dafür eben zu anderem. Sensibilität und Empathie, wann und wie viel Energie Sie für und über Ihr soziales Projekt investieren, müssen gut austariert sein. Keiner mag permanent an Elend, Ungerechtigkeit und das persönliche Bessergestelltsein in der Gesellschaft erinnert werden. Das Bedürfnis zu helfen sollte idealerweise aus einem selbst heraus entstehen, und dazu kann der Personal Trainer einen unschlagbaren Vorteil bieten. Denn durch die intensivere und höchst individuelle Dienstleistung kann rascher eine nähere Bindung entstehen, die es ermöglicht, verborgene oder noch nicht erfüllte Werte, sowie Wünsche helfen zu wollen, beim Klienten zu erkennen. Als Trainer genießen Sie einen nicht zu unterschätzenden Vertrauensvorschuss. Aber fallen Sie nicht mit der Tür ins Haus. Erst sollten Sie Ihren Job gut machen, bevor Sie nach und nach persönliche Gedanken und Handeln Ihres sozialen Engagements in die Trainingszeit Ihres Klienten einstreuen. Zunächst sollten die eigenen finanziellen, zeitlichen und emotionalen Ressourcen klar abgesteckt sein, bevor der Personal Trainer vorangehen kann. Bei mir hat es ca. vier Jahre gedauert, bis ich es mir regelmäßig erlauben konnte, finanziell zu spenden. Dadurch bekam vieles für mich persönlich einen höheren Wert, so dass ich es verstärkt als mein Anliegen in meinen Bekannten- und Klientenkreis kommuniziere. Seitdem habe ich die Erfahrung gemacht, dass Bekannte meiner Klienten von alleine auf mich zugekommen sind und gefragt haben, „Kann man da was machen?" oder „Ist das seriös, kommt meine Spende zu hundert Prozent an?". Wenn das passiert, wissen Sie, dass Sie eine enorme Bindung zu Ihren Kunden aufgebaut haben, denn sie erzählen ihren Bekannten und Freunden von Ihnen. Ein fantastischer Mehrwert, für Ihr soziales Projekt, für Ihren Selbstwert und vielleicht sogar für eine Weiterempfehlung Ihrer Tätigkeit. Sie verbinden Menschen miteinander und das nicht nur in der üblichen einmaligen Wohltätigkeitsphase in der Vorweihnachtszeit, zu der sich viele genötigt fühlen etwas zu spenden. Viele Kunden mögen es, wenn Ihr Trainer sich sozial aktiv engagiert – und es kann so vielfältig sein, wofür man eben Emotionen und Herz spürt. Oftmals sind Menschen auch einfach nur überrascht, wenn ich emotional und klar über Nepal spreche. Sie haben das einfach nicht erwartet, dass ich mich für das Land begeistere. Dafür bedarf es der Kommunikation, ob nun mittels Gespräch, Newsletter, Flyer und Aufsteller oder Facebook usw. bleibt Ihnen überlassen. Ich selbst bevorzuge die persönlichen Gespräche, denn da lässt sich die Begeisterung am besten transportieren, aber auch die Wirkung beim Gegenüber entsprechend einordnen. Auch habe ich Thai-Yoga-Massage-Sessions an einem Tag angeboten und die (vier) Teilnehmer spendeten eine Summe ihrer Wahl, wovon ich dann drei größere Operationen in Kathmandu unterstützen konnte. Jeder Teilnehmer hat eine personifizierte Bescheinigung erhalten, via Facebook habe ich diese Aktion publik gemacht. Innerhalb eines Tages waren die von mir angebotenen Massagetermine ausgebucht. Ein Berliner Trainerkollege bietet beispielsweise freie 45-minütige Personal Trainings an einem bestimmten Tag an. Die Teilnehmer geben jeweils eine Summe ihrer Wahl und der Gesamtbetrag wird von ihm an eine zuvor öffentlich kommunizierte Institution (Straßenkinder e.V.) gespendet. Alles ganz einfach via Facebook zuvor veröffentlicht. Ein netter Nebeneffekt kann hierbei durch das Posten sowie Anklicken Ihrer Homepage ein verbessertes Google-Ranking sein. Eine weitere vernetzende Möglichkeit bieten meine jährlichen Feiern in meinem Privatstudio in Berlin. Mir ist es immer wichtig, dass sich meine Klienten untereinander kennenlernen und dadurch wiederum für sich neue Netzwerke auftun. Während zwei solcher Feiern kamen zwölf Kisten voller Kleidung und medizinischen Materials und eine unerwartet hohe Summe an Spenden zusammen, wovon ich dann im Namen aller Gäste Operationen und Kinderheime unterstützen konnte. Allen Gästen habe ich anschließend in einem persönlichen

OUTDOOR GYM

WERDE EIN TEIL VON OUTDOOR GYM

TRAINER GESUCHT!

Du bist im Besitz einer Trainer B-Lizenz, bist bereits Personal Trainer, Sportwissenschaftler oder hast eine Ausbildung im Bereich Physiotherapeut oder Präventionssport?

Du liebst und lebst das Training an der frischen Luft bei Wind und Wetter? Du bist selbst kreativ und immer offen für neue Impulse?

Dann bewirb Dich jetzt bei uns!

✉ info@outdoorgym.de   📱 0228 5225225

Newsletter, die Spendenbescheinigung beifügend, gedankt. Wertschätzung ist einer meiner wichtigsten Werte, auf dem ich mein Leben beziehungsweise meine Energie baue. Seien Sie ruhig persönlich, denn die Extrazeit und zusätzlichen Ressourcen, die Ihre Kunden Ihrem sozialen Projekt entgegenbringen, ist kostbar. Lassen Sie es jene wissen, die sich über die gemeinsamen Trainingseinheiten hinaus mit Ihnen als Mensch gedanklich und aktiv beschäftigen. Nutzen Sie den Zuspruch und die Anerkennung Ihrer „neuen" Freunde für Ihr Tun, ziehen Sie daraus Kraft und Willen weiterzumachen. Das alles gibt Ihnen die Möglichkeit, Ihre ganz persönlichen Werte und Überzeugungen zu überprüfen und kennenzulernen. Ihre Klienten lernen über Sie ihre eigenen Werte kennen. Getreu dem Motto „Sport verbindet" können Sie allein durch eine bezahlte Trainingsstunde mittels Offenheit, Ehrlichkeit, Empathie und Willen einen Mehrwert kreieren, der unbezahlbar ist und aus dem Sie womöglich Kraft für sich selbst herausziehen werden. Lassen Sie den Profitgedanken weg, denn wenn es Ihnen vordergründig darum geht, mehr Klienten allein durch Schein zu generieren, wird dies der Klient spüren und sich innerlich verschließen.

STEUERRECHTLICHE UND JURISTISCHE HINWEISE

Insofern Sie keine eigene gemeldete gemeinnützige Organisation leiten und sich für eine Sache als Privatperson einsetzen, ist es von Vorteil, dass Sie, wenn Klienten und Bekannte Ihnen Unterstützung zusagen, einen persönlichen Kontakt zu dem Projekt haben. Sie haben nur eine Chance dauerhaftes Vertrauen bei Ihren Gönnern zu erhalten. Daher ist ein vorheriges Prüfen über die Gemeinnützigkeit des Projekts, eine mögliche steuerliche Minderung bei Spenden oder das Vorliegen eines Spendensiegels des Deutschen Zentralinstituts für soziale Fragen (DZI) von klarem Vorteil. Gemeinnützig und steuerbegünstigt sind in Deutschland „Vereine, Stiftungen und andere Einrichtungen, die gemeinnützigen, mildtätigen oder kirchlichen Zwecken im Sinne der Abgabenordnung dienen und dieses dem Finanzamt nachweisen." (Quelle: DZI, 2008)

Erkennen kann man die steuerrechtliche Gemeinnützigkeit an Hinweisen im Werbe- und Informationsmaterial, beispielsweise „Spenden sind steuerbegünstigt" oder „gemeinnützig im Sinne der §§ 51 ff. der Abgabenordnung". Spenden für steuerbegünstigte Zwecke können einheitlich bis zu 20 Prozent des Gesamtbetrags der Einkünfte als Sonderausgaben steuermindernd geltend gemacht werden. Nehmen wir nun an, Sie haben in einem Jahr mehr, nämlich 25 Prozent Ihrer Einkünfte gespendet. Dann können Sie die fünf Prozent, die den

Höchstbetrag übersteigen, einfach ins nächste Jahr „vortragen", also im Folgejahr in der Steuererklärung eintragen. Der nicht absetzbare Teil der Spende geht Ihnen quasi nicht verloren.

Voraussetzung für eine Steuerminderung ist in der Regel eine von der steuerbegünstigten Organisation nach amtlichem Muster ausgestellte Zuwendungsbestätigung. Bei Spenden bis zu 200 EUR reicht der Bareinzahlungsbeleg oder die Buchungsbestätigung des Kreditinstituts in Verbindung mit einem von der Empfängerorganisation erstellten Beleg mit Angaben über den steuerbegünstigten Zweck, die Freistellung von der Körperschaftssteuer und darüber, ob es sich um eine Spende oder einen Mitgliedsbeitrag handelt. Diesen Nachweis drucken die Spendenorganisationen häufig in Verbindung mit dem Überweisungsformular ab. Der Tag der Ausstellung des finanzamtlichen Freistellungsbescheids darf nicht länger als fünf Jahre zurückliegen. Generell ist eine Spende eine freiwillige Leistung, für die man keine Gegenleistung erwartet. Damit eine Zuwendung beziehungsweise Spende steuerlich abgesetzt werden kann, muss sie an eine steuerbegünstigte Organisation geleistet werden. Kleinbeträge an beispielsweise Obdachlose oder eine Abgabe in die Klingelklasse werden vom Finanzamt nicht als Spenden anerkannt. Natürlich gibt es auch Sachspenden (z.B. Kleiderspenden). Diese Aufwendungen sind auch steuerlich anzusetzen. Allerdings gibt es hier hin und wieder Probleme. Wenn Sie sich ein neues Kleidungsstück kaufen und es kurze Zeit später spenden wollen, langt der Kassenbeleg als Ansatz der Spenden beziehungsweise als Bewertung. Doch ist der Gegenstand gebraucht, gestaltet sich die Sache schon etwas schwieriger. Am Ende ist eine Zuwendungsbestätigung für das Finanzamt ein Muss. Wenn Sie eine Sachspende von der Steuer absetzen möchten, brauchen Sie eine Zuwendungsbestätigung von der jeweiligen Institution.

AUFWAND VERSUS IDEALISMUS

Ihnen sollte klar sein, dass ein hohes Maß an zeitlichem und wahrscheinlich auch finanziellem Aufwand von Nöten sein wird. Demnach gilt es eine gewisse Ausprägung an Idealismus zu besitzen, denn ohne dies wird es recht schwer, Begeisterung für ein soziales Projekt bei anderen Menschen zu wecken. Vergessen Sie bitte nicht, dass nicht automatisch das Bedürfnis nach sozialer Gerechtigkeit und dem gleichzeitigen Enthusiasmus zum aktiven Handeln bei Ihren Mitmenschen in dem Maße vorhanden sind wie in Ihnen. Seien Sie sensibel in der Kommunikation, wenn es um Engagement für andere und anderes geht.

Oftmals kommen Menschen nur aufgrund des Jobs zusammen, selbst so überdurchschnittlich extrovertierte Menschen wie Personal Trainer haben per se nicht immer einen Zugang zu sozialer Arbeit und Gerechtigkeit. Weil eventuell dessen Persönlichkeitsprofil nicht unbedingt eine hohe Ausprägung in Richtung Idealismus aufweist oder sie bisher keine persönlich emotionalen Berührungen mit Bedürftigkeit gemacht haben. Daher wirken in meinem Beruf oftmals Fortbildungen, Seminare oder Netzwerktreffen wie im PREMIUM PERSONAL TRAINER CLUB® wie Verstärker, um erstmals mit dem inneren aber bisher verborgenen Bedürfnis, helfen zu wollen, in Berührung zu kommen. Voller Stolz könnte der Personal Trainer von diesem Treffen und dem Austausch mit anderen Kollegen seinen Klienten berichten und eben bei jenen den richtigen Nerv treffen, bei denen er spürt, dass sie sich an einem bestimmten Projekt beteiligen wollen. Nutzen Sie gerade als Personal Trainer die Möglichkeit des Austauschs mit anderen Kollegen, seien Sie offen, sprechen Sie nicht nur übers Business. Ich glaube ganz fest daran, dass es eines der zutiefst menschlichen Bedürfnisse ist, Gutes für andere zu tun. Selbst die Wissenschaft bestätigt, dass dies einen elementaren Aspekt darstellt, um unter anderem persönliche Zuversicht im Leben zu haben. In der heutigen Welt, die geprägt ist von Tempo, Rastlosigkeit, Wettstreit und Optimierung, sind bewusste Rückbesinnung auf Zuneigung und Zeitbewusstsein, um sich in etwas zu vertiefen, Freude auszuleben oder dankbar zu sein für die Wohltat anderer und dies auch auszudrücken, überraschend anders. Anecken erregt Aufmerksamkeit. Aus persönlicher Erfahrung heraus möchte ich Sie dafür unbedingt sensibilisieren. Ich zitiere im Folgenden einige Aussagen von meinen Klienten und nahestehenden Menschen: „Erzähl mal mehr von Nepal.", „Hier 50 EUR (Spende) für eure Projekte, finden wir klasse.", „Tim, kann man da was machen?", „Ist das seriös, kommen die Spenden auch zu 100 Prozent an?", „Ich habe gehört, dass du dich für Nepal engagierst. Einer meiner Bekannten ist da auch involviert, vielleicht könntet ihr euch mal austauschen.", „Was bekommst du für das Training? Nix?! Okay, dann hau' ich 100 EUR für dein Nepalprojekt in den Topf.", „Ich frage meine Chefin, ob wir in der Firma Kleidung sammeln können.", „Ich habe leider kaum Zeit und finde es daher ganz großartig, dass sich jemand aktiv einbringt. Dann kann ich ruhigen Gewissens spenden. Danke."

Nochmals: Gerade in einer Gesellschaft des Individualismus' und Konsums vermag die vernetzende Wirkungsweise sozialen Engagements Ihnen und Ihrem Umfeld einen (weiteren) Lebenssinn zu schenken.

EHRENAMT SCHAFFT RESONANZ

Soziologen und Psychologen beobachten ein erstarktes Ehrenamt in der Gesellschaft. Denn hierin bekommen Menschen etwas zurück. Sie erfahren Resonanz, gehen in Beziehung zu etwas und zu Menschen, es kommt etwas zurück in gewandelter Form. Und danach sehnen sich Menschen offensichtlich. Warum engagieren sich immer mehr, warum tue ich es, obwohl ich kein Geld damit verdienen kann und nicht immer Anerkennung erhalte? Weil viele von uns in ihrer Arbeit selten noch Resonanz erfahren und das Gefühl haben, sich zu verausgaben, ohne dass etwas zurückkommt, den Arbeitslohn ausgenommen. Selbst große Erfolge werden schnell abgehakt und das nächste Projekt liegt schon auf dem Arbeitstisch bereit. Im Ehrenamt finden viele eine Resonanzsphäre, die sie im Job schmerzlich vermissen. Ein Ehrenamt schafft Rücksicht, stiftet Sinn, stärkt Rituale, verbindet Menschen und schärft die sogenannten Soft Skills. Genau solche Gedanken können auf ein ganzheitliches Personal Training Einfluss haben. Plötzlich können sich Menschen in einem Feld wiederfinden, in dem sie Dankbarkeit erleben und Sie als Trainer haben somit entscheidend zu seiner gestärkten Selbstwahrnehmung beigetragen. In meinem Beruf darf ich mit unterschiedlichen Persönlichkeiten arbeiten. Hier geht es um Vertrauen, Wertschätzung, Willen, Verbindlichkeit, Achtsamkeit oder Zuversicht im Umgang mit meinen Klienten. Sind diese Voraussetzungen gegeben, entwickeln sich wunderbare und tiefsinnige Gespräche, aus denen sich Möglichkeiten für mich als Person und nicht „nur" als Trainer ergeben, welche mein Wesen unschätzbar prägen. Oder können Sie sich vorstellen, mit einem renommierten Professor und seiner Gattin, ebenfalls Ärztin, zusammen nach Ägypten zu reisen, weil sie der festen Überzeugung sind, dass Sie in einem sozialkulturellen Pilotprojekt etwas bewegen können, die Menschen vor Ort von Ihrer Expertise profitieren können? Diese Viertagesreise durch Ägyptens Wüstenlandschaft, gepaart mit vielen Gesprächen und komplett neuen Eindrücken, war wirklich nicht nur anstrengend und schlafraubend, sondern bedeutete auch einen gewissen finanziellen Ausfall (Reisekosten, keine Trainings, bestehende Fixkosten). Aber was ich dort erleben durfte, welchen Einblick in eine andere Kultur ich erhalten habe und vor allem welche Anerkennung und welches Vertrauen in mich als Persönlichkeit gesetzt wurde, war mein emotionaler Lohn. Ich erlebe Resonanz für meinen Idealismus, die Welt ein wenig besser zu gestalten. Erreichbar durch Personal Training. Lernen Sie Ihre Emotionen bezüglich Ihres Engagements zu transportieren.

Wenn Sie es schaffen, Resonanz zu erhalten, infizieren Sie ganz sicher auch Ihr nahes Umfeld. Es kann passieren, dass Sie sich plötzlich neuen Herausforderungen auf unbekanntem Terrain gegenübersehen. Eine Spende sollte steuerrechtlich abgesichert sein. Nicht jedes Sozialprojekt kann so ohne weitere Prüfung durchgeführt werden. Die aktuelle Weltpolitik ist unruhig, was viele Länder vor schwierige innenpolitische und gesellschaftliche Herausforderungen stellt. Seien Sie sich bitte daher im Klaren, wohin Sie Ihre Energie lenken. Oftmals sind es schon die kleinen Themen, die eine größere Wirkung bei Ihren Klienten erzeugen werden. Themen wie Verschwendung von Nahrungsmitteln, Tierheime, zerstörte Spielplätze, alleinstehende Mütter, Müll, Kleiderspende für die Obdachlosen in der Nähe, Kindergärten usw. könnten das Herz in Ihrem Personenkreis berühren. Vergessen Sie nicht wirklich auch selbst aktiv zu sein. „Es gibt nichts Gutes, außer man tut es!" Diese Aussage von Erich Kästner beinhaltet viel Wahrheit. Überprüfen Sie aktiv, ob Sie sich wirklich mit dem identifizieren können, was Sie predigen. Überlegen Sie, ob Sie nicht doch nur einem Trend der „Achtsamkeitsbewegung" unterlegen sind. Denn Sie müssen verstehen, dass nur eine Persistenz an Engagement für ein fixes Thema auch Vertrauen und somit Resonanz und Verbindlichkeit bei Ihren Mitmenschen erzeugen wird. Wir Menschen sind wohl mit die sozialsten Wesen auf diesem Planeten und sind auf soziale Interaktionen angewiesen. In archaischen Kulturen ist der soziale Tod ein bekanntes Instrument, mittels dessen man Menschen durch komplette Resonanzverweigerung umgebracht hat, indem man so tat, als wären sie nicht da. Kreieren Sie einen Raum der Resonanz, des Sinns fürs Miteinander, für etwas gemeinsames. Etwas, was Social Media, Smartphone und Co. niemals erreichen können. Genau das ist es ja, was uns Menschen meiner Meinung nach trotz urbaner Nähe auseinanderdriften lässt. Digitale Anonymität ist womöglich eine soziale Indifferenz-Erfahrung: Das Gefühl, dass es egal ist, ob ein Mensch etwas leistet oder nicht, ob er da ist oder nicht. Im Personal Training können wir diesem vorbeugen beziehungsweise einen Raum des Wohlfühlens schaffen, ein Raum der sozialen Interaktion und des Austauschs. Nutzen Sie diesen unschlagbaren Vorteil und starten Sie eine Vernetzung Ihrer Klienten untereinander. Nun wird auch klar, dass ein Trainer, der sieben, acht oder zehn Trainings am Tag absolviert, dies schwerlich leisten kann. Umgekehrt die Frage: Kann sich ein Unternehmer mit einem Arbeitspensum von zwölf Stunden täglich noch um soziales Engagement bemühen? Selbst wenn er es wollte, wenn es seinem Lebensprinzipien entspräche, erscheint dies weitaus schwieriger. Und dieser potentielle „Gönner" oder

131

„Gutmensch" bucht Personal Training bei Ihnen. Sie dürfen diesen Klienten trainieren. Welche wunderbare Chance bietet sich dabei beiden; dem sozialen Projekt und dem damit begonnenen Wirkungskreis. Daraus kann sich etwas fantastisches ergeben. Sie trainieren jemanden und stiften einen höheren Sinn.

Und wenn Sie einmal die Möglichkeit haben Bruce Springsteen live zu erleben, werden Sie spüren, wie es sein kann, wenn etwas großes Gemeinsames alles Negative vergessen lassen kann. Wenn der „Boss" zum musikalischen Event bittet, umarmen sich Männer im Schulterschluss und zelebrieren ihre Freundschaft, denken nicht an morgen. Bruce Springsteen schafft mit seinem dreieinhalbstündigen Kraftakt bei jedem Konzert die Nähe und Authentizität, die sich viele Menschen wünschen beziehungsweise die so vielen fehlt. Berichten Sie von positiven Momenten, seien Sie auch mal humorvoll und spinnen Sie einmal 'rum. Veröffentlichen Sie aktuelle Aktionen bei Ihren Projekten via Facebook, Newsletter und natürlich im direkten Gespräch. Unterstreichen Sie, dass Sie es ernst mit Ihrem Engagement meinen und fühlen Sie den Mehrwert für sich, Ihren Klienten und natürlich Ihr Projekt.

Kreieren Sie einen „Social Club", seien Sie der Ausgangspunkt für das Schaffen von Netzwerken unter Ihren Klienten und deren Umfeld und diese werden voller Stolz berichten, dass Ihr Personal Trainer ein Herz für soziale Gerechtigkeit hat. Nutzen Sie doch dieses Statement für sich und Ihre Arbeit. Um es noch mit den Worten von Uwe Böschemeyer, ein von mir geschätzter Autor, zu sagen: „Es ist ein entscheidender Unterschied", sagte Hugo von Hofmannsthal, „ob Menschen sich anderen gegenüber als Zuschauer oder ob sie Mitleidige oder Mitfreudige sind, nur diese nämlich sind die eigentlich Lebenden." Vom Großvater J. F. Kennedys, der sich als Lebensmaxime auf einer Plakette über seinem Schreibtisch hatte eingravieren lassen: „Ich werde nur einmal durch diese Welt gehen – jede Gefälligkeit, die ich tun kann, all das Gute, das ich erweisen kann, lasst es mich jetzt tun. Denn ich werde diesen Weg nicht noch einmal gehen." Warum hat es Sinn Menschen wohl zu wollen und ihnen Gefälligkeiten zu erweisen? Weil der, der so lebt, das Wichtigste lebt, die Liebe. Weil dieses schönste aller Gefühle ein mitteilbares ist und den Beschenkten ebenso ausfüllt wie den Schenkenden. Weil jeder Mensch beides ist, Individuum und Gemeinschaftswesen, und daher der sein Leben verfehlt, der nur sich selbst im Blick hat. Weil der, der anderen wohlwill und ihnen Gefälligkeiten erweist, frei ist von störender Ichbezogenheit und etwas ausstrahlt, was ihn für andere sympathisch macht und das führt begreiflicherweise dazu, dass auch ihm Wohlwollen und Wertschätzung entgegengebracht werden.

Meine Gedanken:

_____
_____
_____
_____
_____
_____
_____
_____
_____
_____
_____
_____
_____
_____
_____
_____
_____
_____
_____
_____
_____
_____
_____
_____

Reflexion:
1. Wie stehe ich der Gesellschaft gegenüber?
2. Bin ich in einer Lebenssituation, in der ich etwas zurückgeben kann? Habe ich die Ressourcen Zeit, Energie, Geld und Interesse dafür?
3. Wo engagiere ich mich bereits?
4. Was könnte ich konkret in und mit meinem Umfeld tun?

ERFOLG IST TEAMSACHE

Wir bieten qualifizierte Weiterbildungen:

- klinische Psycho-Neuro-Immunologie
- fundiertes Ernährungscoaching
- Kräuterworkhops
- Body-Brain-Dynamics
- Anatomiekurse

kPNI-Akademie
Gesundheit lernen

NACHWORT

Timo Bartel

Sie haben jetzt klare Impulse erhalten. Setzen Sie diese für Ihre Vorhaben und Ziele ein. Behalten Sie den Weg auf dem Sie gehen im Auge! „Der Weg ist das Ziel", sagt man plakativ. Er ist das, was das Leben ausmacht. Facettenreich, herausfordernd, bunt und vieles mehr.

Notieren Sie Ihre wesentliche Erkenntnis aus den jeweiligen Kapiteln für Ihre konkrete Situation. Ganz nach dem Prinzip: kurz und prägnant.

1. Personal Training ist Teamsache – gemeinsam mehr bewegen

2. Wie aus Klient und Personal Trainer ein Team wird – Erfahrungsberichte

3. Wie gewinne ich Menschen für mich und mein Anliegen

4. Fels in der Brandung – Stabilität durch Rückhalt

5. Die Kunst zwischen Nähe und Distanz

6. Motivation auf Distanz

7. Business Coaching als Erfolgsmotor – schneller erfolgreich sein

8. Ein erfahrener Partner als Begleiter für die eigene Entwicklung

9. Bewährtes mit Neuem verbinden

10. Soziale Projekte verbinden – der gemeinsame höhere Sinn

Wo sehen Sie Handlungsbedarf, was bietet Ihnen die größten Chancen, Ihre Vorhaben leichter und treffsicherer gemäß dem vorliegenden Buch umzusetzen? Treffen Sie eine Entscheidung und formulieren Sie eine klare Handlungsaufforderung an sich selbst. (Bitte umblättern!)

Mein Ziel ist es, mit Hilfe folgender Erkenntnis…

… das zu erreichen:

Dafür tue ich folgende konkrete Schritte:

Lassen Sie aus dieser Handlungsaufforderung eine Vision entstehen. Bereiten Sie Ihr Vorhaben mental vor und gehen Sie dann in die Umsetzung. Mit Konsequenz, Herz und Freude daran, es mit anderen Menschen teilen zu können.

Sie haben nun eine Menge Anregungen erhalten, wie Sie vorgehen können, wenn Sie Ihre Vorhaben in unserem Beruf gemeinsam mit anderen Menschen verwirklichen wollen. Dieses Buch ist genau mit diesen Impulsen auch so entstanden.

Einem Wunsch folgt eine klare Vorstellung und eine gute Strategie mit unmissverständlichen Aufgaben und Absprachen der besten Weggefährten, die man dafür gewinnen kann.

Dann ist es irgendwie ... leicht, erfolgreich zu sein!

Autorenübersicht

Timo Bartel ist mutiger Macher und konsequenter Entscheider. Mit seiner ruhigen Ausstrahlung begleitet er als PREMIUM PERSONAL TRAINER® Menschen auf dem Weg, ihren persönlichen Spielraum zu gestalten. Mit mehr als 16 Jahren Berufserfahrung unterstützt er Kollegen als Mentor und ist Teil der Prüfungskommission des PREMIUM PERSONAL TRAINER CLUB®. Als Organisator wissenschaftlicher Untersuchungen und in seiner Tätigkeit als Geschäftsführer und Vorstand auf nationaler und europäischer Verbandsebene setzt er sich für Entwicklungen in seinem Berufsbild ebenso ein wie als Autor dieses Buches. In gemeinsamen Projekten mit seinen Freunden sucht er persönliche Herausforderungen und Entwicklungspotenziale. Er lebt mit seiner Partnerin und seinen beiden Kindern im hessischen Münster in der Nähe von Darmstadt. www.personal-training-darmstadt.de

Ursula Wieland ist 57 Jahre alt, alleinstehend und lebt in einer kleinen Stadt im Odenwald. Von Beruf ist sie Bankangestellte. In ihrer freien Zeit liest sie sehr viel und ist ein echter Kino-Freak. Am liebsten verwöhnt sie ihre Freunde und Familie mit ausgedehnten französischen Menüs.

Stefan Rudel ist verheiratet und hat vier Kinder im Alter zwischen sieben und 21 Jahren. Er lebt gemeinsam mit seiner Frau Andreja im südhessischen Hergershausen. Stefan Rudel hat sich 2011 selbständig gemacht und ist mit seiner Unternehmensberatung „Stefan Rudel Vertrieb. Kontakte. Qualität." spezialisiert auf den Vertrieb von erklärungsbedürftigen Dienstleistungen und Produkten. Er berät und unterstützt Unternehmen dabei, ihren Vertrieb nachhaltig erfolgreich und in hoher Qualität durchzuführen. Darüber hinaus ist er seit 2011 Gründer und geschäftsführender Gesellschafter der Consultingbroker GmbH, einem auf die Vermittlung von Projektdienstleistungen spezialisierten Unternehmen. Ein Consulting-Broker berät und unterstützt Unternehmen dabei, ihre Projekte mit den richtigen Experten erfolgreich durchzuführen. www.stefan-rudel.de www.consultingbroker.de

Tilo Hossbach inspiriert als PREMIUM PERSONAL TRAINER® Menschen im Raum Luxemburg und Trier. Getreu dem Credo: „Gesund gemeinsam gestalten" ist er als ein Mitglied im Team von „selfenergy" tätig. Tilo hat eine Leidenschaft: Menschen. Sein ehrliches Interesse für Menschen und deren Umstände spiegelt sich in seiner Offenheit und Neugierde wider. Dieses ist der Schlüssel, um auf persönlicher Ebene mit Menschen starke und beständige Beziehungen auf- und auszubauen. Mit einem hohen Maß an Empathie und seiner Unbekümmertheit darf der Mensch hier einfach Mensch sein – als ein einzigartiges Individuum. www.selfenergy.de

Ken Niestolik kreiert gemeinsam mit seinen Klienten einen Weg zu mehr Energie, Vitalität und Lebensfreude. Als PREMIUM PERSONAL TRAINER® wirkt er neben der körperlichen Ebene auch auf emotionaler und geistiger Ebene. Daraus ergeben sich vollkommen einzigartige und individuelle Impulse für das Erreichen der persönlichen Ziele seiner Klienten. www.kenniestolik.de

Autorenübersicht

 **Eginhard Kieß** – der Personal-Trainer-Trainer – ist einer der erfahrensten Personal Trainer Deutschlands und zweifellos auch einer der anspruchsvollsten: Eginhard Kieß hat die Qualitätsstandards der Branche maßgeblich geprägt. Als Gründer des Bundesverbands Personal Training e.V. und Inhaber des PREMIUM PERSONAL TRAINER CLUB® (PPT CLUB) treibt er seit mehr als 19 Jahren das Erfolgskonzept Personal Training weiter voran. Dieser umfangreiche Erfahrungshintergrund macht Eginhard Kieß zum anerkannten Experten der Personal-Training-Welt: Er vermittelt als Keynote-Speaker auf Fachmessen und Tagungen die Trends und Herausforderungen der Branche, unterstützt Unternehmen in allen Fragen des betrieblichen Gesundheitsmanagements, berät Fitnessstudios, Hotels und Spas bei der Implementierung von Personal-Training-Konzepten – und coacht Personal Trainer von der Existenzgründung bis zum Selbstmarketing. Eginhard Kieß gibt sein Wissen gerne weiter: 2011 hat er mit dem Fachbuch „Zukunft Personal Training – Erfolg durch Persönlichkeit" klargemacht, wo die wahren Potenziale stecken. 2007 initiierte er die Personal-Trainer-Conference und 2012 mit dem NEOS AWARD die inzwischen wichtigste Auszeichnung für Personal Trainer. Durch sein unermüdliches Engagement gelingt es Eginhard Kieß, mehr Aufmerksamkeit für die herausragenden Leistungen der Branche zu schaffen. Davon profitieren alle – Anbieter, Trainer und Klienten.
www.eginhard-kiess.de

 **Stefan Schröder** begleitet seit 17 Jahren Menschen innerhalb gesundheitlicher Entwicklungsprozesse auf allen Ebenen und coacht Sportler bei der Entwicklung ihrer mentalen Potenziale. Seit vielen Jahren engagiert er sich als PREMIUM PERSONAL TRAINER® innerhalb der Branche und war dort Initiator weitreichender Entwicklungen. Bekannt für ein offenes Ohr ebenso wie für kritisches Feedback und ehrliche Anteilnahme, unterstützt er Personal Trainer innerhalb ihrer beruflichen Entwicklung. Als Leiter des Mentoring-Programms im PREMIUM PERSONAL TRAINER CLUB® war ihm der vorliegende Beitrag ebenso als Reflektion wie als Ermutigung wichtig. Klienten wie Kollegen und Weggefährten beschreiben ihn meist als Persönlichkeit, die wirkt. Stefan Schröder lebt und arbeitet in Luxemburg.
www.selfenergy.de

 **Arne Siebert** ist Teilnehmer an einem Mentoring Programm. Nach erfolgreichem Masterstudium (Magisterarbeit: Prävention und Gesundheitsmanagement) verwirklichte Arne Siebert seinen Traum und wagte den Schritt in die Vollexistenz als Personal Trainer. Er leitete bereits zwei Gesundheitsstudios und gibt seit mehreren Jahren Personal Trainings. Derzeit arbeitet er im Rahmen des Mentoring-Programms intensiv an einem zukunftsfähigen Konzept.
www.siebert-pt.de

 **Tim Bertko** ist Teamplayer und PREMIUM PERSONAL TRAINER®. Mit seiner Empathie lässt er sich auf herausfordernde Situationen erfolgreich ein. Wertschätzung gegenüber seinen Mitmenschen ist ihm dabei besonders wichtig, ob im Personal Training, bei seinem aktiven sozialen Wirken oder im täglichen Leben. So entstehen offene und inspirierende Beziehungen. Augenzwinkernd widersetzt er sich eingefahrenen Meinungen und ist stets auf der Suche nach dem Spaß im Alltäglichen – damit jeder so sein darf, wie er ist.
www.timbertko.com

Interviewpartner

Almut Exner ist seit 25 Jahren eine begeisterte Ruderin. Sie hat schon an vielen Langstreckenregatten, bis zu 160 Kilometer, teilgenommen. Sie hat nach ihrem Biologiestudium ihre Leidenschaft, den Sport, zu ihrem Beruf gemacht und ihre eigene Firma „Mobilé" gegründet. Seit 22 Jahren trainiert sie Gruppen und Einzelpersonen im Fitnessbereich. 2010 absolvierte sie eine Ausbildung in klinischer Psychoneuroimmunologie und bietet seitdem auch eine individuelle Gesundheitsbetreuung an. Zusätzlich arbeitet sie in einem Institut für Bewegungsanalyse und Leistungsdiagnostik.

Felix Klemme ist ein aus dem TV bekannter Life Coach, Buchautor und Sportwissenschaftler, der die Menschen seit Jahren zu einem nachhaltigen und natürlichen Lebensstil motiviert. So z. B. in den TV-Dokumentationen „Extrem schwer – Mein Weg in ein neues Leben", „Die Diättester", einem neuen Format, in dem er übergewichtigen Familien hilft oder mit seinem 2011 gegründeten deutschlandweiten Fitness-Unternehmen „Outdoor Gym". 2015 wurde er beim NEOS Award zum „Personal Trainer des Jahres" gekürt. 2015 und 2016 erschienen seine beiden Bücher „Natürlich sein – Das ganzheitliche Life-Coaching-Programm" sowie „Natürlich essen – Das ganzheitliche Ernährungskonzept". www.felixklemme.de

Familie Schmid lebt in Süddeutschland. Alexandra arbeitet mit 33 Jahren als selbstständige PREMIUM PERSONAL TRAINERIN®. Ihr Ehemann Steffen ist angestellter Vertriebsleiter und 53 Jahre alt.

Familie Schröder lebt mit ihren beiden Kindern im Alter von vier und zwei Jahren in ländlicher Umgebung in Luxemburg. Beide sind Ende 30 und haben schon viele Jahre als Personal Trainer unabhängig voneinander gearbeitet. Stefan ist Inhaber des gemeinsamen Unternehmens. Ina ist als Vollzeitkraft fest angestellt.

Familie Willman lebte lange Zeit in Wolfsburg. Nach einem Auslandsaufenthalt in Mexiko leben sie heute mit ihrer elfjährigen Tochter in Ingolstadt. Sebastian Willmann wurde 1975 geboren und ist in einer leitenden Position eines Automobilkonzerns tätig. Seine Frau Sina Willmann wurde 1979 geboren und arbeitet als selbstständige PREMIUM PERSONAL TRAINERIN®.

Impressum

Herausgeber Timo Bartel
Konzeption   Timo Bartel
Korrektorat Roger Quandel
Gestaltung   Quandel Staudt Design GmbH, Ffm
Abbildungen Titelmotiv – Roger Quandel
             Timo Bartel – Timo Bartel, Lara Burr-Evans, Fotostudio Hirch, Benjamin Schenk
             Ken Niestolik – Ronny Kauerhof, Ken Niestolik, Robert Schikor
             Stefan Schröder – Andreas Goltz, Alexandra Schmid, Sina Willmann
             Tim Bertko – David Kamm, Alfons Kreuzer

ISBN 978-3-00-054824-6